読みなおす日本史

キリシタン大名

岡田章雄

吉川弘文館

はじめに

ある週刊誌が、戦後三〇年の日本におけるキリスト教の布教は失敗だったという記事を特集した。そしてAPの記者が、外人宣教師たちは一〇〇年以上もの間、日本をキリスト教国に改宗させようと試みてきたが、いまや彼らはその心構えと布教方法を変化させつつある、と報道したことを紹介し、なぜ失敗したのだろうか、その原因についていろいろな角度から追求を試みた。ことに敗戦直後の日本は貧しさのどん底にあったため日本のキリスト教化は必ず成功すると信じ、日本布教に参加することを希望する外人宣教師が激増した。そして物質的にも精神的にも不安定な一時期では数多くの信者を獲得することができたが、高度経済成長とともに宣教師たちの敗北がはじまり、やがて信者たちの多くは教会を離れ、失望して帰国する宣教師たちがあいついだということである。

これは現実の問題だが、同時に一六、七世紀のキリシタンの歴史について顧みる時、日本人のキリスト教受容の姿勢という点でそこに相通ずるものがあるように思われる。その伝来以来一時は隆盛をきわめたキリシタンの信仰が、封建国家の統一の過程で政治的に弾圧されたために衰えたことは事実であるが、もしその弾圧がなかったとしても果してその信仰が日本全土を蔽いつくしたかどうかは疑問である。あるアメリカ人は、キリスト教はもともと厳格な父親主義《パトリズム》の宗教であるが、日本に入るといつの間にか母親主義《マトリズム》の宗教に変えられてしまう。日本人は全般的にマザー・コンプレックスが強いからだ、と書いている。たしかに長い歴史の中でほとんど民族信仰化した仏教の寛容と温情に慣らされた日本人にとって、唯一絶対の神の教えのきびしさには堪え難いものがあるのではないだろうか。祖先信仰の問題もそのひとつである。小泉八雲は「祖先崇拝の土台の上に築かれ、外からの侵入に抵抗する巨大な能力を明らかにもっている日本の社会が、どうしてジェスイト教派の勢力によってこれほど急速に侵入され、さらに一部分は瓦解《がかい》するに至ったのだろうか。宣教師たちはどの程度まで祖先の祭祀を妨げたか、それを明らかにしてほしい」とキリシタンの歴史に対する疑問を投げかけている。しかし当時の史料は日本側にはほとんど残っていない。また豊富な教会側の史料も主として布教の労苦と成果を伝えたもので、その教えに対して当時の日本人がどのような反応を示したかは、その記事の行間から推測するよりほかはない。

キリシタン布教の問題を含めて一六、七世紀の日本とヨーロッパの交渉の歴史は、日本史の他の分野にくらべてかなり研究の立ち遅れている分野である。明治の中頃外国の学者たちの先導によって海外にある史料の蒐集や紹介がはじめられたのだが、語学の障壁にさえぎられて研究者の数は限られ、また公刊されたものの一部を除いて大部分の史料は海外にあるためその発掘作業は遅々としてはかどらず、戦後になってようやく本格的軌道にのったとはいえ、なお未開拓な領域がきわめて多く、その意味で今後の研究が大いに期待されるところである。とくにキリシタンの歴史の場合、史料の性質もあって研究がとかく信仰のわくに囚われ勝ちであることが、同時代の日本史との有機的な関連を妨げているともいえる。また大正時代以来の異国趣味的要素が、研究の面ではすでに早くから捨て去られているにもかかわらず、一般にはなおそれにこだわる傾向が強く、研究の成果が一般の関心や理解に浸透するにはほど遠い感がある。

異国趣味ばかりではない。キリシタンの歴史といえばとかく迫害や殉教、潜伏、かくれキリシタンさらには苛酷な拷問を受け肉体の苦痛に堪えきれず背教者となったいわゆるころび伴天連など、禁教の時代の問題に一般の関心がそそがれ勝ちであるが、これは判官びいきに類する心情といえるだろう。またそこに現代人の悩みに通ずるものを求めようとするのかも知れない。

この本ではサビエルの渡来にはじまる布教の歴史をたどりながら、キリシタン大名と呼ばれている武将たちの入信の動機やその信仰生活の実態、またきびしい戦国の時代を生きぬくためにその信仰がどのような意味をもったかというような問題についてできる限り具体的な史料にもとづいて追求することにつとめた。記述に当って内外の多くの先学の研究の成果を利用させていただいた。ここにあつく感謝の意を捧げるものである。

昭和五十二年十月二十日

岡田章雄

目次

序章　キリシタン大名と農民

昨年の暮に未知の女の子から手紙が届いた。一枚のレポート用紙に鉛筆の横書で細かい字で、「私は中学校二年生の現代日本史を学んでいるものです」という書き出しにはじまり、次のような質問だった。

「私は『キリシタン大名の領地内のキリスト教信者（農民）の統制はどのように行っていたか』についてよく知りたいのです。キリスト教の教えはいわば〝平等〟だったはずです。だから上から圧力をかけたりして武力・権力で農民をおさえつけられないのではないのですか。またそうしようとするならば、キリストの教えに逆らうことになってしまうのではないですか。行っていたとしたらどんな方法でどのようなことをしていたのか、他の〝キリシタン大名〟でない大名の統制のしかたとどのような点が違っていたのか、ぜひ知りたいと思います」

文章もしっかりしているし、字もきれいで誤字がない。なかなか成績の優秀な生徒のようである。しかもその質問の内容が中学生にしては水準が高いので、もしかしたら先生がうしろにいて書かせたのではないだろうかと思ったがそんなこともなさそうである。おそらく教室で先生の講義を聴いて率直にこうした疑問を生じて先生に質問したところが、先生のほうもよく解らないので、休み中に自分で調べてみなさい、といわれたのではないだろうか。

それはともかくとして、キリスト教の伝来を説く場合に、キリスト教はすべての人間は平等であるという思想をもたらした。そのため圧迫に苦しんでいた農民たちに大そう喜ばれ、たちまちひろまった、という解釈が一部に行われている。大名も武士も農民もすべて同じ人間であることには変りはない。大名が上に立ち武士階級が農民を支配し圧迫するのは間違っている。武士も農民も平等でなければならない。宣教師たちがそういう教えを説いたので農民たちが喜んで信仰にはいったという論法は、たしかにその後に続いて起こった禁教や迫害、さらには島原の乱について説明するのにも都合がよい。しかしそれでは上に立つ大名や武士が同じ信仰にはいった理由が説明できなくなってしまう。支配者にとって明らかに危険思想であるそのような教えに心をひかれたのはなぜだろうか。その辻褄をあわせるために、大名たちはポルトガル貿易の利益を求めていた。ところがポルトガル船は布教を許さない大名の領内の港に近づかなかったので、大名たちはすすんで布教を保護し、中にはみずから信者になるものもあったと説明するのである。その場合「貿易を望む西日本の大名たちは」という漠然とした表現もよく用いられる。西日本といえば近畿地方も含まれる。貿易を望んだのは九州地方の大名だが、それでは近畿地方に生まれたキリシタン大名が、べつに貿易を望んだわけでもないのにどうして信仰にはいったのかといわれると困ってしまうので、広く西日本といってそれをぼかしてしまうのだろう。要するに大名たちのほうは、貿易の利益に目がくらんで、みすみす危険思想であるキリストの教えをひろめることを許し、また自分からその信仰にはいったということになる。もしそうだったとするならばキリシタン大名たちはよっぽど頭が悪いか、さもなければ底抜けにお人よしだったということになるだろう。

このような合理的な説明を聴いてなるほどそうかと感心する生徒もいるかも知れないが、頭のいい生徒ならば——私に質問して来た中学生もその一人だが——それではキリシタン大名の領内では、その教えのもとでどのような政治が行われていたのだろうか。ほかの大名の領内のような武力統制や圧迫は行われなかったのではなかろうか、という疑問を持つのは当然である。キリシタンの教えにもとづいて農民の天国が実現していたのではないだろうか。

私は質問に答えてその中学生に宛てた長い手紙を書いた。納得がいくようにわかりやすい文章で書くのに苦労したが、その内容は次のようなものであった。

キリシタンの教えが人間はみんな平等であるという考えをわが国にもたらしたというけれども、それは天地の創造主である神が絶対的な存在であり、その神によって生命を与えられた人間は神の前ではすべて平等であるという宗教的な観念であって、明治の時代にはいって来た自由平等という民主主義の思想とは本質的にちがうものである。キリシタンの教えが伝わった一六世紀のころにはヨーロッパでもまだそのような思想は生まれていなかった。唯一絶対の神の前では生命をもった、すなわち〝死すべき《モルタル》〟存在である人間はすべて平等であって、国王も封建領主もまた農民も、人間として神を敬い、その神の定めたきびしい掟に従わなければならない。それがキリスト教の説くところで、それは国家・社会の機構とは全く次元の異なるものだったのである。

キリシタンの信仰が、農民の社会的意識を高めて封建社会の機構を変革したり弱体化したりするようなことは全くなかった。すすんで信仰にはいった大名はむしろその信仰による統制の強化を理想としていたのである。すなわち大名から家臣・武士・領民にいたるまですべて同じ神を信仰し、その教えに従い、掟を守ることによって封建的支配を完全なものとすることができる、と信じていたのである。キリシタンの教えを伝えたイエズス会の宣教師たちの厳格な規律と統制、そして俗世間の利益に動かされずひたすら神に奉仕する態度が、主君のためにすべてを犠牲にする封建社会の武士道徳と似通っていた。その点が戦国社会にその信仰が受けいれられたひとつの理由であったとも考えられる。

主君に対する忠誠、領主に対する服従について、「デウスの御掟の十のマンダメント」すなわち十戒の中、第四戒に次のように定められている。「汝の父母に孝行すべし」という掟である。

親によく従い孝行を尽し敬をなし要ある時は力を添ゆること、また人の下人たるものはその身の主人、そのほか司《つかさ》たる人びとに従い、奉公に怨《ゆるぎ》なきを以てこのマンダメントを守るなり。

この掟に対して「父母、主人、司たる人びとより科《とが》となることをせよといいつけられん時も従うべきや」という質問があり、それに対しては、

親、主人、司たる人によく従えということは、科にならざらんことをいわれん時のことなり。デウスの御掟を背き奉れといわれん時のことにはあらず。

と説いている（一五九二年刊『ドチリナ・キリシタン』）。

父母に対して孝行を尽すべしという戒律はそのまま主君・領主に対する忠誠、服従に通ずるので、

明治元年に長崎で刊行された『聖教初学要理』には、

○そのほかまた孝行すべきものは何の人か。△これすなわち天子・将軍・政府の役人なり。○何をして彼等を孝行するや。△彼等は民の父母に有るによって親共のごとく彼等を敬い、天帝の掟をそむかず命令に従うべし。

とはっきり記されている。つまり封建的な社会機構は問題ではない。この掟に背く行為として、上に立つものは農民たちを無理に責め、非道を行うこと、主人の物を支配するものが中間で搾取すること、農民が上納すべき年貢を忠実に納めず主人に迷惑をかけることなどであった(「とが除き規則」)。また第五戒に「人を殺すべからず」という掟があるが、上に立つものは正当な理由があれば下のものを殺すことも認められていた。

主人として被官以下を成敗すること叶うまじきや。直《すぐ》なる子細あってわが進退するものどもをば害することも叶うなり。直なる子細なき時は殺すこと叶わず。たとえまた直なる子細ありとても、わが進退にてもなきものをば殺すことなかれとの御誡めなり。(『ドチリナ・キリシタン』)

このようにキリシタン大名の領国でもその支配体制は他の戦国大名の領国と異なるところはなかったと思われる。ただみずから絶対権力者としてその領国を支配した他の大名と、絶対者としての神を信じ、神を畏れ、その掟を守って支配に当っていたキリシタン大名との間には、その領民に対する政治姿勢におのずから異なるものがあったにはちがいない。

キリシタン大名の信仰は、教会への接近の動機はともあれ、決して経済的な打算によるものでもなく、またその教えを政治的な思想統制の具にしたものでもなかった。それは心からの信仰であった。戦国の大名たちはそれぞれ弓矢八幡や摩利支天など武運長久を願い戦勝を祈る守護神をあつく信仰していた。キリシタン大名の場合は絶対者としての神をその守護神として仰いでいたのである。しかもキリシタンの神に身をまかせ、その加護を求めるためにはその教えに従いきびしい戒律を守らなければならなかった。キリシタン大名の支配を受けていた領民たちにとっては、その支配者が自分たちと同じ神を信じ、そのきびしい掟に従っていることが何よりの救いであったにちがいない。

返信用の切手をはったハトロン紙の封筒がはいっていた。丁寧に「○○○○様」と宛名まで書いてあったので、返事の手紙はその中に入れて投函したが、便箋が五～六枚に及んでいたので、郵便料金不足にならなかったかと後になってから心配している次第である。

1　サビエルと天皇

天皇にかけた期待

日本国王への贈物　はじめてわが国にキリストの信仰を伝えたフランシスコ・サビエルは渡航の決意を固めたころから、この日本の島々を支配する「国王」に会うことに大きな期待をかけていた。そのための準備も十分にととのえていた。ゴアの総督ガルシア・デ・サと、同じくゴアの司教ドン・ジュアン・デ・アルブケルケはサビエルの懇請によってそれぞれ日本の「国王」に宛てた立派な羊皮紙に認《したた》めた紹介状を与えた。またマラッカでは一行が日本に渡航するための船を調達することに力を尽した知事のドン・ペドロ・ダ・シルバが、とくに日本の「国王」に献呈するために数々の高価な贈物をととのえた。その多くは当時の日本ではとうてい見ることのできない、ヨーロッパ文明のすばらしさを示すものであった。大型の精巧な時計もあった。七〇本の絃のついた鍵盤のある楽器というのはクラボすなわち小型のピアノのことであろう。美しいガラス器や鏡、眼鏡など日本にはまだ知られていなかったガラス製品もあった。とりわけ注目されるのは三つの銃身をそなえた贅《ぜい》をこらした燧石銃《エスピンガルダ》である。燧石銃というのは発火装置に火縄の代りにフリント（燧石《ひうちいし》）を用いた鉄砲である。この装置は一六世紀のはじめにドイツで発明されたものだが、それを使った燧石銃はきわめて高価のためまだ一般には普及せず、わずかに王侯貴族が狩猟の時に使用する贅沢な鉄砲に過ぎなかった。ポルトガル人の種子島渡来にはじまったわが国の鉄砲の歴史の中にこの燧石銃が現われるのは一九世紀にはいってからのことだが、実はこの「国王」への贈物のひとつにそれが加えられていたのである。

サビエルはこうしてインド総督の使者として日本の「国王」に謁見する資格をじゅうぶんにそなえ、またその期待に胸をふくらませながら、中国人のジャンク船に乗って天文十八年（一五四九）の夏、鹿児島港に着きはじめて日本の土を踏んだのであった。それからおよそ十カ月、領主島津貴久の保護のもとに布教をつづけている間、サビエルは片時も都に上って「国王」に謁《えつ》することを忘れなかった。

十一月五日付でマラッカの知事に宛てて送った手紙には次のように書いている。

季節風を逸したので日本の国王や権力者のいる都へは行くことができませんでした。五カ月の後にはまた季節風が吹き始めますからその時には都に向かうつもりです。閣下は親書と船と日本の国王への高価な贈物とを下さったのですから、ここに結ばれる実はすべて閣下のお蔭によるものです。閣下は侯爵であり海軍大将であった父君（ペドロ・ダ・シルバははじめてインド航路をひらいたバスコ・ダ・ガマの息子であった）がお始めになった事業にさらに光彩を添えられることになるでしょう。都から二日ばかりの旅程にある繁華な港の堺は全国の金銀の大部分が集まるところです。この堺に神の思召しによって物質的な利益の非常に大きなポルトガルの商館を開くことができるでしょう。私は日本の国王に謁して日本の全権大使をインドに送ることを懸命に勧めてみたいと思っています。そうすれば日本の大使はインドの富裕を知り、インドにあって日本に無いものを見るのですから、インド総督と日本の国王との間に立って商館を開く方法などについて協議することになります。いまから二年も経たない中に私はわれらの聖母マリアに奉献する一つの教会を都に建てることができたという報告を閣下に送ることができることを熱望しています。

サビエルは、もし日本の「国王」を改宗させることに成功するならばやがてインドとの交通がさかんになり、ポルトガルの日本貿易も活況を呈するようになるだろうと信じていたのである。そればかりではない。日本の「国王」に親任を受けることができれば、その紹介によって容易に中国に入り明《みん》の宮廷に迎えられる機会をつかむことができるにちがいないという希望的観測を彼はいだいていた。日本の「国王」は中国の国王と親しい間柄にありその友情のしるしとして中国の国王の印璽《いんじ》をもっている。従って「国王」から渡航許可証をもらえば安全に中国に渡ることができるので、毎年多数の船が渡航して行く。こういう誤った情報をサビエルはまじめに信じていた。ポルトガル人はこれまでもたびたび中国への進出を試みながら明の宮廷のきびしい態度によって容易にそれが実現できなかったのだが、その難関を日本の側からの別のルートによって、それも自分の手によって開くことができるのではないかという大きな期待があった。その期待が、室町幕府と明との間に結ばれていた勘合符による貿易の制度の伝聞をゆがめて、有利に解釈してしまったのかも知れない。

鹿児島に滞在している間にサビエルが胸にえがいていた構想はこのような大きなものであったが、その主軸は「国王」の改宗であった。マラッカの知事に宛てた手紙と同じ日付でゴアのアントニオ・

ゴメス神父に送った手紙の中には次のように書いている。

どうか総督が書翰とともに日本の「国王」に献ずることのできる高価ないくつかの品物を日本へ来る神父に託するようにしていただきたい。それというのももし日本の「国王」がわが聖なる信仰に帰依されるならば、ポルトガル王にとっては物質的な利益もいちじるしいものがあろうとわが神において希望するからである。

サビエルはインドの各地やセイロンその他南の島々で国王を訪れた経験をもとに、日本の「国王」に謁する日を夢にえがいていたのだが、冷たい歴史の現実はやがて無残にもその夢を砕いてしまうこととなった。

砕かれた夢と期待　鹿児島から平戸へ移り、さらに平戸から博多・山口をへて、苦しい旅をかさねたサビエルが京都にはいったのは天文二十年（一五五一）の冬だった。以前にそこを訪れたことがあるというポルトガル人から聞いた話によればリスボンよりも大きな立派な都会だということだったが、七〇年前の応仁の乱に焼野原となった京都は見る影もなく荒れ果てていた。

私たちは「国王」に謁して日本で信仰教義を説く許可を得ようと思ったが謁することができなかった。

とサビエルは書いているが、フロイスの日本史によれば、その時皇《おう》は華美壮麗な風もない古い御殿に住んでいた。サビエルは貧しい身なりをしていたので、拝謁に必要な献上品を持っているかとたずねられた。持ってはいるが平戸に残してきた。もし皇（「国王」）にお目通りがかなうならば奉呈するためにそれを平戸からとりよせようと答えた。しかし結局ものにならなかった、ということである。たとえマラッカから用意してきた「国王」への贈物は旅行中に奪いとられることを懸念して平戸に置いてきたとはいえ、インド総督の使者としての十分な資格を示して謁見を求める手段をとることはできなかったのだろうか。サビエルは「国王」に謁するために京都に上る時に、ゴアの総督や司教から与えられた紹介状も身につけていなかった。なぜかそれさえも平戸に残していったのである。ともかくサビエルが「国王」にかけていた大きな期待はこうして泡と消え、その期待の上にえがき上げていた構想も崩れ去ってしまった。

サビエルが「国王」といいフロイスが「皇」と記しているのはいうまでもなく天皇のことである。この時の天皇は後奈良天皇であった。天皇が大永六年（一五二六）父の後柏原天皇の跡をついで皇位についたものの、朝廷の極度の財政難のため一一年間も即位の大礼を行うことができなかったことは有名である。御所も荒廃の極に達していた。周囲の築地は崩れ、夜になると内侍所《ないしどころ》の灯を遠く三条の橋から眺めることができた。紫宸殿の前にある右近《うこん》の橘の下に茶店を張る町人もあり、その縁側に上がりこんで遊んでいる子どもたちもいた。謝礼の銭を包んで御簾《みす》に懸けておけば、天皇が親しく筆を染めた色紙や短冊を手に入れることもできた。それほど天皇も公卿たちも苦しい日々を送っていたのである。

しかし支配者としての政治的権力はまったく無く生活は衰微の極に達していたとはいえ、天皇は、遠い昔に異民族を征服してこの国を統一した王者の血を引く尊厳な存在としての根強い伝統的権威に支えられていたし、またこの国土を支配する神々（イエズス会士はのちにホトケとならんでカミCamiと記している）を祀る最高の司祭として信仰上の崇敬を集めていたのである。天皇はむしろ神性をそなえた存在として尊崇されていたので、そのことについてはサビエルも思いあたるところがあったにちがいない。のちにある神父が書いているところによれば、サビエルが山口にいた時に都から来た人が都の王（日本人が聖徒のように崇敬している人物だとその神父は注を加えている）が足を洗ったという盥《たらい》をもって来てこれを大切にして、国王は神聖であるといってその盥を頭にかぶった。そしてサビエルにもそれをかぶることを望まないかとたずねたということである。たとえ洗足の盥とはいえ神性を具えた天皇の身に触れたものであるならば、それを頂くことによって奇蹟的な効験を期待することができると信じられていたのである。もちろん福音《ふくいん》の伝道者であるサビエルの目にはそれは愚かしい哀れむべき所業と映ったにちがいない。

インドをはじめ東南アジアの各地での経験にもとづいて、最高支配者としての権力を具えた国王に謁して布教の許可を求めることを期待していたサビエルは幻滅の思いで京都を後にした。

都には数日間（十一日間）いただけである。私たちは国王に謁して日本で信仰教義を説く許可を得ようと思ったのである。ところが国王に謁することはできなかった。その上国民はもうずいぶん前から国王に従わなくなっている由を聞いたので、私たちはこれ以上国王に近づこうとする努力を中止し、国王から許可を得ることをあきらめた。

全国的な支配者である国王の権力をかりて伝道の基礎を固めようとしたサビエルの当初の計画はこうしてもろくも崩れ、戦国社会の現実に即して個々に各地の有力な大名を庇護者として獲得する方針に転換することを余儀なくされたのである。しかし結果からいえばかえってそのためにこの後の布教が大きな成功をおさめることができたといえる。もしかりにサビエルの渡来当時わが国が絶対権力を具えた支配者のもとに統制された統一国家であったとするならば、その支配者にキリストの教えを説き、信仰に導き、また布教のための保護を求めることはきわめて困難であったにちがいない。その統一国家を精神的にまた思想的に統制するために、古来の神仏信仰は当然支柱として重要な役割を果すものであったと考えられる。ところがキリストの教えはその神仏信仰を異教として偶像教としてまた悪魔の教えとして否定し、それを克服することを布教の方針としていた。従って統一国家の支配者はおそらくそれを受けいれることに大きな抵抗を感じたろうし、むしろ思想的統制をみだすものとして当初から布教を拒否し禁止する態度をとったと思われる。たとえ支配者個人としては心情的に、その信仰に、またはその布教に伴う経済的な利益や文化的な寄与に魅力を感じたとしても、支配機構の安定を脅かす危険を冒してまでそれを受けいれることはできなかったであろう。政権が安定している場合には、新しい思想や信仰を受けいれることにきわめて消極的である。それによって得るものよりもむしろ失うものを憂慮するからである。

サビエルが来日したのは国内がいわば多くの小国家に分裂していた戦国争覇の時期であった。そのことがサビエルをはじめそのあとに続いた宣教師たちの布教を成功させるのに役立った。たがいにその領国の繁栄拡大を図って抗争を続けていた戦国大名たちは、絶対権力をもった支配者とちがって、勢力の強化に役立つものであれば、新しい思想や信仰でもみずからの判断によってよろこんで受けいれる用意があった。もちろんそれに伴う経済的または文化的な利益も考慮した上のことである。従って宣教師は大名たちに近づきその心を動かして布教の保護を求め、できれば信仰に引きいれることに力を注いだ。もし受けいれられなければ対立する他の大名に働きかける。また大名によっては一旦布教に好意を示し保護を約束しても国内の事情からその態度を一変して禁教政策をとる場合もある。そんな時には追放された宣教師たちは他の大名の領内に移り布教活動を続けることができたのである。しかしかりに当時全国が絶対権力をもつ支配者のもとに統一されていたならば、その禁教方針は末端にいたるまで徹底し、サビエルをはじめ宣教師たちはおそらく布教のチャンスをつかむことをあきらめるよりほかはなかったであろう。

山口——西の京都

大内義隆とサビエル　天皇に対する大きな期待を裏切られたサビエルは国内の情勢に応じた着実な布教方針をとることにした。そしてそのころ西日本でもっとも有力な大名であった周防《すおう》山口の大内義隆に働きかけることに決めた。西の京都といわれていた山口の町の繁栄はさきに訪れた鹿児島や平戸、博多、そして荒廃した京都をはるかに凌いでいた。それは領主の大きな権力と豊かな経済力を示すものであった。前に京都へ上る途中この町を訪れたサビエルは義隆をその館に訪れた。義隆は遠く天竺《てんじく》から来たこの僧をこころよく迎えて、まず長い航海の話や珍らしい異国の様子などをたずねた。サビエルはかねてキリストの教えをその領内にひろめることを許してもらいたいと希望していたので、義隆の求めに応じて、同行した日本語に通じていたフェルナンデス神弟に宇宙の創造や十戒のことなどについて説明させた。フェルナンデスは鹿児島にいたころに、サビエル一行の渡来に案内の役を果したアンジローと力をあわせて説教のための日本語のテキストを作っていた。そして教えを説く場合にはいつもこのテキストを読み上げるのが常であった。この場合にもそれを読み上げたのだが、その中には神を知らない日本人が犯している罪悪について触れている個所があった。偶像を崇拝することから、さらに自然の理に反し、禽獣にも劣るソドムすなわち男色《だんしょく》の罪にまで及んだ時、それまで静かに耳を傾けていた義隆はにわかに顔色を変え、憤然としてサビエルたちに退去を命じた。男色の風習は当時仏教の寺院の内部や武将の間でひろく流行していた。それは女性を修行の障害とし、また女色《にょしょく》を賤《いや》しいものとする考えから生まれたもので、かえって男色を讃美する傾向さえあったのである。おそらく義隆も他の武将たちと同様その風習に耽《ふけ》っていたのであろう。しかし一時の不興はかったものの、山口の町でのサビエルたちの説教に対しては、べつに禁止の命令も出なかった。

京都から一旦平戸に戻ったサビエルがふたたび山口を訪れ義隆に謁した時には、義隆は以前のことは忘れたように上機嫌であった。サビエルは日本に渡航する時に「国王」に贈るために用意した豪華な贈物と「国王」に宛てた二通の紹介状を義隆に献じた。それは義隆を日本の「国王」として、最高の敬意を捧げたことになる。西欧文化の粋を集めた贈物の数々に義隆は目を奪われた。遠い異国の支配者から日本の「国王」に宛てた書翰がそれに添えられていたことを知って大いに自尊心を満足させた。さっそく返礼の意味で金銀を山と積んだ盆を用意させたが、サビエルはそれを辞退し、その代りに領内で布教する許可を与えて欲しい、またその領民で入信を希望するものがあれば自由に信者になることを認めて頂きたいと願い出た。この請願はすぐに聞き届けられ、やがて義隆の名で、布教を許可し、入信の自由を認めると記した高札《こうさつ》が町の各所に掲《かか》げられた。またサビエルたちが滞在し教会堂として使用するために一宇の寺院が提供された。義隆はまた返礼の品をたずさえた使者をインドに派遣する希望をもっていたようだが、それは実現しなかった。

山口での布教は着々と成果をおさめた。サビエルはこの地に五カ月滞在していたが、その間に洗礼を受け信仰に入った人びとは五〇〇人を超えた。その中でもほとんど盲人に近い琵琶法師で、こののち四〇年以上もその巧妙な弁舌と疲れを知らないたくましさで布教に大きな功績をおさめたロレンソは日本人ではじめてイエズス会に入りイルマン（神弟）になった人物である。ルイス・フロイスは『日本史』の中で、「全能なるデウスは、光栄ある使徒パウロがいっているとおり、強い者を辱しめるために、最も低いもの最も賤しいものを選びたもうたように、同じ御主は、彼が日本で入会することを許されたイエズス会の最初の神弟となるように、ほとんど全く視力を欠き、生まれながらに甚だおかしな容貌をしたこの男を選びたもうた」といっている。

仏僧との宗教論争　そのころ海をへだてた豊後《ぶんご》府内の大友義鎮《よししげ》（宗麟）のもとからサビエルに宛てた手紙が届いた。それは領内の日出《ひじ》の港にポルトガル船が着いたことを報らせ、またサビエルに面会してその話を聴きたいというものであった。そこでサビエルはさっそく豊後に向かって旅立ったのだが、それに先立ってようやく軌道にのった山口の布教活動を続けるため、平戸からコスモ・デ・トルレス神父を呼びよせた。トルレスはインドからサビエルと同行し、サビエルが京都へ上る時に、平戸に留まって布教に当っていた学識の高い神父であった。

サビエルが蒔《ま》いた信仰の種子は仏教の僧たちに反感と憎悪をもたらした。はじめてサビエルの説教を聴いた僧侶たちは、キリスト教の説く創造主デウスが真言宗の最高の仏である「大日」と一致すると理解し、その教えが仏教の一派であると考えてサビエルを大いに歓待した。それまでサビエルたちもデウスに相当する訳語として「大日」を用いていたのだが、サビエルは僧たちからその教えについて得たところを検討した末に「大日」とデウスとは本質的に異なるものであると悟った。そしてフェルナンデスに命じて、説教に当っては「大日」を拝むな、「大日」を拝む宗派は他の仏教の宗派と同じく人をたぶらかす悪魔の宗派であると教えるように命じたのである。仏教の僧たちの反感と憎悪は、サビエルが去ったあとトルレスに集中した。住院には論争を挑む僧たちをはじめ学者や武士、商人その他たくさんの人びとが毎日のように押しよせ、トルレスもまた通訳に当るフェルナンデスも応待に暇がないほどだった。トルレスと僧たちの間にかわされた教義上の論争をフェルナンデスは克明に書きとめているが、その記録は仏教哲学とキリスト教神学との対立抗争を具体的に知る資料として貴重なものである。

大内義隆の重臣で武断派の陶隆房《すえ》（晴賢）が叛乱を起こし、山口が戦乱の渦に巻きこまれたのはトルレスが来てからおよそ二〇日後のことで、トルレスとフェルナンデスはいくたびか死の危険にさらされた。義隆は一旦脱出したが結局自殺して四五歳の生涯を終えた。

義隆は戦国大名の中ではまれに見る文化人であった。京都の貴族文化をとりいれるいっぽう大陸文化の移入にもつねに積極的な姿勢を示していた。幕府の名による遣明船の派遣も実質的には義隆が左右していたたし、またその貿易によって大きな利益を得ていた。また遣明使の一行に家臣を同行させ、明の文化をとりいれることに力を注いでいた。異国文化への憧景という点では当時の他の大名をはるかにしのいでいたといえる。従ってもしかりにこの叛乱が起こらずその生命と地位を持ち続けることができたならば、義隆は目の前に開かれたインドとの通交のチャンスをつかみ、みずから日本の「国王」として使臣を派遣し、ポルトガルとの貿易に乗り出し、また布教保護の態度を強化し、さらには教養高い文化人の立場からキリストの信仰に身を任せたかも知れない。これは歴史をゆがめる仮説に過ぎないが、大友義鎮の場合を考えるとこうした想像をめぐらしたくなるのである。

2 豊後の王

府内の城

豊後に来たピント　ポルトガル人メンデス・ピントはその『巡廻記』の中で、自分がはじめて種子島《たねがしま》に着いて日本の島をはじめて発見し、また鉄砲を伝えた三人の中の一人であると記し、自分たちがその島にいた時に豊後の王（大友義鑑《よしあき》）の使者が種子島の王（種子島時尭）のところへ来て、いろいろ珍らしいことを知っている異国人が種子島に来ているということを聞いたので、その中の一人を豊後に連れてきて欲しいと伝えた。そこでピントは選ばれて使者の船に乗り込み、イアマンゴ（山川）、カンギシュマ（鹿児島）、タノラ（外浦）、ミナト（湊）、フィウンゴウ（日向）を通りあまり日数もかからずにオスクイ（臼杵）に着きそこから陸路フシェア（府中、府内）に入った。そこで王をはじめその一族、家臣たちに大いに歓迎を受けた。鉄砲はここでもきわめて珍らしがられたが、十六、七歳になる王の第二王子アリシャウドノはことに好奇心が強く、ピントが眠っている間にそっとそれを持ち出し、見様見真似で火薬をつめ弾丸をこめた。ところが火薬の量があまり多すぎたため、引金をひいたとたんに鉄砲が三つに割れ、王子は重傷を負って倒れた。ことに右手の拇指の傷はひどく、治療のために招かれた僧たちも血に染まって垂れ下がったその指を見てほどこす術を知らなかった。ピントは自分から申し出て治療に当り、拇指の傷を七針、軽いと思われた額の傷を五針縫い、その上を卵の白味に漬けた麻糸でしっかりと縛《しば》った。そして五日後に糸を抜き、なおも治療を続けたので、二〇日後には拇指がすこし麻痺する程度にまで回復したということである。

ピントは二〇年間も東洋の各地を遍歴して帰国ののちにこの『巡廻記』を公にしたのだが記憶のうすれたためもあり、また他のポルトガル人から聞いた話を自分の経験とし、いろいろな出来事や事件についてみずから主役であり、目撃者であるように作り上げて興味深く叙述している点が少なくないので、その記事は必ずしも信用できないといわれている。はじめて種子島に着いたという話も他のより確実な記録と照らし合わせて否定されている。しかし日本には前後四回も渡来していることは疑いなく、おそらく種子島の土を踏んだこともあったし、またそこから大隅半島の東を巡って豊後水道をぬけ臼杵や日出《ひじ》に達する水路も体験していたようである。また豊後の王の第二子といえば義鎮の弟の義長で、彼が鉄砲の事故で手に怪我をした時に府内にあったポルトガル人が治療したことは、三〇年後に義鎮が思い出話として宣教師に語っているので、事実にちがいないが、そのポルトガル人は二年間も府内に滞在していた男だったというからピントでなかったことは確かである。

それはともかくとして、ピントが義鎮の父義鑑の在世中に府内を訪れたことがあったのは事実である。そのころその領内には中国のジャンク船がよく来航した。その船にポルトガルの商人が乗っていることもあった。義鎮が一六歳の時七、八人のポルトガル人が中国のジャンク船に便乗して来たことがある。その中にとりわけ金持ちで勢力のあったジョルジ・デ・フェリアという商人があったが、中国人の水先案内の男が義鑑にそっと申し出て、その商人を殺して欲しい。そうすればその商人の持ってきた商品を全部引き渡そうと話をもちかけた。義鑑は欲にかられてその話にのろうとしたが、このことを知った義鎮はすぐに父のもとにかけつけて、遠い土地からわざわざこの豊後まで来て交易を行おうという外国人を保護するどころか殺すなどとは道理にはずれている。そのような非道なことはすべきではないと父をいさめたということである。またこんなこともあった。府内にディオゴ・デ・アラガンというポルトガル人が来て五年間も滞在していた。日本語も達者になっていたが、いつも朝と夕にコンタス（数珠）をつまぐって祈りをしていた。まだ年若かった義鎮が、何を祈っているのか、日本のカミとホトケに祈りを捧げているのかとたずねると、そのポルトガル人は笑って、天地と世界をおつくりになった創造主に祈りを捧げているのです、と答えたという。これはいずれも義鎮がのちに宣教師に語った思い出話である。なお中国のジャンク船ばかりではなく、やがてポルトガル船も姿を現わすようになったから、ポルトガル人と接触する機会も多くなった。

父の義鑑が家臣に討たれ二一歳の義鎮がそのあとを嗣いで領主となったのは天文十九年（一五五〇）のことであったが、それまでの間に義鎮はポルトガル人との接触を通じてその高い文化と科学・技術——とくに火薬、鉄砲、そして外科医療の技術——を知り、またキリストの教えについても漠然とした知識を得ていた。それだけにその遠い異国に対する憧憬は他の戦国大名とは格段の相違があったといえよう。

サビエルを迎えて　府内に近い日出の港に碇をおろしていたポルトガル船は、山口から到着したサビエルを迎えて旗の波で船を飾り、数発の礼砲を発射した。その時ならぬ響きに府内の町は騒然となり、義鎮もポルトガル船が海賊に襲われたのではないかと心配して重臣の一人を船まで派遣した。ドアルテ・ダ・ガマはかなり老齢で経験豊かな船長である。サビエルとはかねて親しく、また熱烈な信者だったので、ポルトガル人がサビエルをどんなに尊敬しているかを示すために最高の敬意を表したのである。そしてサビエルが府内の城に義鎮を訪れる時には、船中のポルトガル人や奴隷たちがいずれも盛装して随行した。日覆いをつけ絹の旗を立てた三艘の小舟に分乗し、フラウタやシャルメラの音楽を奏《かな》でながら川を上って府内の町にはいった。登城の行列の華やかさは町の人びとを驚かした。ピントもこの時ガマの船に乗り組んでいた一人で、随行の行列にも加わっていたらしく、その模様をくわしく記している。黒い法衣の上に、美しい刺繡で飾った真白な司祭服を着けたサビエルが座に着く時、随従のポルトガル人は色鮮かな豪華なカパ（合羽）をその足許にさっとひろげた。

この日の会見は義鎮に深い感銘を与えた。その後サビエルの名声が高まるにつれて敬慕の念はますます高まった。そして二七年後、天正六年（一五七八）ようやく洗礼を受けた時、洗礼名を選ぶようにとフランシスコ・カブラル神父からいわれた時に、自分が最初に出会った神父はサビエルで、デウスのことをはじめて聴いた。サビエルはきわめて徳の高い聖人であると聞いているので、その名にあやかり、フランシスコという洗礼名を授けて欲しいと申し出た。

インドへ使節派遣　その後サビエルはこの地におよそ二カ月滞在した。山口で叛乱が起こったのはその間のことである。叛臣陶隆房はかねてこの叛乱が成功した暁には義鎮の弟の晴英を迎えて大内家を嗣がせようと計画し、ひそかに晴英の同意を得ていた。義鎮、晴英兄弟の生母は大内義隆の姉に当っている（これについては異説もある）。こうして晴英は大内氏を嗣いで名を義長と改めた。布教の保護について晴英は兄と志を一にしていた。教会堂――大道寺という名で仏教の寺院とまぎらわしいが――の創建が裁許されたのはこの時のことである。こののち六年間この教会堂は日本の布教活動の中心となった。しかし陶隆房（晴賢）が厳島の合戦で毛利元就に討たれたのを転機として、毛利氏の勢力が西へ伸び、内乱によって山口はふたたび兵火に包まれ、ついに義長の自決によって大内家が滅びたため、トルレスはフェルナンデスらとともにこの地を捨てて府内に移ることを余儀なくされたのである。

天文二十年（一五五一）の冬、サビエルはガゴの船に乗り込みインドへ戻って行った。その時義鎮はインドの副王の許に派遣する使節とその従者を同行させた。サビエルが翌年コチンからヨーロッパのイエズス会の会友に宛てて日本の事情について詳しく報らせた手紙の中に次のような記事がある。

この豊後公はポルトガル人の最も親しい友人である。多くの軍隊をもち領国も多い。公はポルトガル国王の大きな勢力を知り、国王に書面を送り、みずから国王の臣下とも親友になる意図があると申し出た。そしてその厚情のしるしとして武具一揃いを贈り、またインド副王にその家臣を派遣して敬意を捧げた。この使節は私といっしょにインドに来て副王から大いに歓待され、彼も副王に恭敬な礼を尽した。

この使節について、のちに新井白石は『西洋紀聞』の中で、もと美濃《みの》の国の斎藤の一族であった植田入道玄佐であったと記し、ローマで死んだといっている。白石がどのような史料にもとづいてそう述べているのかは明らかでない。またこの使節の派遣を天正十二年のこととしているので、天正遣欧使節と混同しているようにも思われる。なおこの使節は翌年ゴアから中国への布教に旅立ったサビエルといっしょにマラッカに渡り、日本に派遣されたバルタザール・ガゴ神父たちと同じ船で帰国した。いっぽうそこから単身中国に向かったサビエルはその最後の大きな希望をいだいたまま上川島でその輝かしい生涯を終えたのである。

義鎮はガゴ神父を迎え、インドの副王からの親書と返礼の品々を受取った。そして山口から来たフェルナンデス神弟の通訳を介して、キリストの教えについて語る言葉に耳を傾けた。この時ガゴは十戒について説いたが、義鎮は、悪事を働いた者を殺せと命じないでどうして国を治めることができるのだろう、と思い悩んだと後日フロイス神父に述懐している。

仏教の僧たちや一部の家臣の激しい反対と妨害を抑えて、義鎮は布教保護の態度を明らかにし、地所を与えて宣教師の住院を建てさせ、領民に入信の自由を認めた。そして天文二十二年（一五五三）にはふたたびインド副王の許に使節を派遣した。その手紙には、副王から親書を贈られたことを感謝し、豊後に来る神父たちを厚くもてなし住宅を与えることにした、領民の間に信仰をひろめ信者の数をふやしたいので、宣教師をもっと多く派遣して欲しいと書いてあった。この使節が同行の神弟とマラッカからゴアに向かった船には、上川島で死んだサビエルの遺骸が安置され、神弟はその遺骸に付き添う任務を帯びていた。この記念すべき日に義鎮からの手紙を受取った副王の感激はひとしおであった。教会に大きな反響を与えたことはいうまでもない。副王はピントを使節に任命し義鎮への返書と贈物を託した。また教会はインドの管区長メストレ・ベルシオール神父、ガスパル・ビレラ神父らを派遣して日本の布教事業を援けることにした。ところでピントにとってはこれが最後の日本行であった。

インド副王の贈物をもって私が豊後の王の許に使いした一五五六年に、日本人は豊後の王国の首都である府中（府内）に三万挺以上の鉄砲があると断言した。私はそんなに殖えるはずがないと思ってたいそう驚いたが、ある商人や貴人たちが、さらに日本全島では三〇万挺以上に上り、琉球へは日本人が鉄砲ばかりを搬出しているが六回に二万五〇〇〇挺に及ぶと言葉を尽して説明した。すでにどんな小さな村でも百挺以上の鉄砲をもたないところはなく、有名な市に至っては数千挺として話題にのぼるほどであった。

ピントはこう書いているが、伝聞でもあり、その数字は必ずしも信用できないが、ともかく種子島にはじめて紹介されて以来わずか一三年で鉄砲が各地に普及し、義鎮の軍勢にも鉄砲が行きわたっていたと思われる。鉄砲が普及すれば当然鉄砲による負傷いわゆる「手火矢傷《てびや》」も多くなり、ポルドガル流の外科治療が要望される。義鎮の援助を得て府内に設けられた病院はひとつにはこうした要望に応ずるものであったと思われる。

府内に病院を建設　弘治三年（一五五七）山口の教会堂が兵火に焼かれ布教の将来に不安を感じた長老のトルレス神父は府内に移り、この地に日本の布教の本部を置くことにした。ここには立派な教会堂と住院が設けられ、信者の数は一五〇〇人を超えていた。この教会堂は義鎮が自分の邸を提供したもので、すべて杉材を用い、もし新築したならば二〇〇〇クルサドを超すだろうと思われた。トルレスは義鎮にはかり、その援助を得て教会堂に隣接した地所に病院を建てた。この病院の建設と経営に当ってルイス・デ・アルメイダ（ダルメイダとも呼ばれている）の果した役割は大きい。アルメイダはもとポルトガルの裕福な商人で貿易のために来日したが、イエズス会の布教事業に共鳴してその資産をすべて会に寄進したばかりでなく、すすんで入会し神弟としてトルレスの許で働くこととなった。ことに医師の資格を身につけていたことは教会の社会事業に大いに役立った。病院は内科と外科に分れ、また癩《らい》患者の収容施設もあった。外科の治療はアルメイダの担当で毎日二回手術を行い、同時にその技術を住院の日本人の医師たちに教えた。薬剤としては粉薬・膏薬・焼灼剤などが用いられていた。内科は日本人医師が担当し、漢方の医薬を用いた。来航したポルトガルの船員の病気をその薬で治したこともあった。この病院は布教事業の一環で、入院患者には祈禱を教えて信仰に導いたので、回復してから洗礼を受けるものも多かった。この病院の評判は各地にひろまり遠方からはるばる治療を受けに来院するものも多かった。もっとも信者の間には信仰による奇蹟も信じられていたので、聖水をいただいて帰り病人に与えるとか、十字架に触れることによって回復するとかいうようなことも珍らしくなかったようである。なお病院のほかにアルメイダの発案によって孤児を収容する育児院も設けられていた。弘治元年（一五五五）ガゴ神父がポルトガル国王に宛てておくった通信には次のように書いてある。

この国民の間に行われている罪悪の中に小児を育てる辛労また貧苦のために、生まれるとすぐに殺してしまう習慣がある。アルメイダはこの話を聞いて心を動かし、千クルサドを提供し、何人も幼児を殺さず、そのために設ける病院に連れてくるようにとの命令を発布することを太守（義鎮）に請願して欲しいと私に求めた。その病院には貧しいキリシタンの乳母を雇い入れまた乳牛二頭その他の設備を調え、幼児が死なないようにし、また幼児は入院と同時にキリシタンにするという計画である。私たちはこのことを太守に話したが、太守は喜んで賛意を示し、幼児を殺すことは大きな罪であるから望み通りにするがよいといった。

ところでこの府内の病院がいつまでその事業を続けていたかは明らかでない。というのはおよそ一年後に、イエズス会の本部から、宣教師が医療事業を行うことを禁止するという指令が届いたからである。医療事業に重点を置くことは信者の数を増大させるためには役立つかもしれないが、キリストの教えの説くところを十分に理解させた上で信仰に導く本来の布教活動の趣旨にはそぐわなかったためであろう。

なお文禄、慶長のころから日本に進出し、やがて関東から東北地方に勢力を伸ばしたスペイン系のフランシスコ会は医療事業を伝道の手段とし各地に病院や癩病院を設けた。江戸時代に南蛮流として伝えられた医術は、主にその影響を受けたものである。そしてのちになるとオランダ医学にもとづいた紅毛流がひろく行われるようになった。

軍需品の入手希望　大内氏が滅びてのち義鎮の勢力は大いに伸び、永禄二年（一五五九）には豊前、筑前、筑後の守護職を得、さらに将軍の足利義輝から九州探題に補任《ふにん》された。名目上は九州の統轄者ということになったわけで、宣教師たちが義鎮にかけた期待はいっそう高まった。かれはいつも宣教師たちを優遇しその布教事業に援助の手をさしのべ、みずから教会の保護者をもって任じていたし、インド副王の親任も得ていた。その教えについても深い理解を示していた。もしその入信が実現したならば、他の大名たちに与える影響も大きいし、また多くの家臣たちの中にも主君にならって信仰の道に入るものが続出するにちがいない。

教会が平戸の松浦隆信をはじめ西九州の大名たちを信仰に誘う工作として来航するポルトガル船をその方面に誘導するようになったため、豊後へ来航する船は少なくなった。しかし義鎮の教会に対する態度は変わらなかった。またポルトガルの国王やインドの副王に対しても前のように敬意を表し武器や甲冑などの贈物を送った。義鎮はまたキリスト教の保護者であることを理由に軍需品の供給をポルトガルに求めている。永禄十年（一五六七）にマカオに滞在していた中国、日本の司教に宛てた手紙に彼はこう書いている。

私がいつも教会の庇護者であることはお聞き及びのことと存じます。私は山口の王（毛利元就）に対して勝利を得たいと望んでおりますが、これはその地に神父たちを帰住させ、以前にも増した大きな庇護を与えるためであります。そこで私の希望を実現するためには、貴下の援助によって硝石を日本に輸送することを一切禁止し、ただ私の領国の防禦のためとしてカピタン・モール（ポルトガル船の司令官）に毎年上質の硝石を二百斤だけ運ばせることです。貴下が定められた費用は私が払います。こうした方法をとれば山口の暴君は領国を失うことになり、私の許にいる正統の領主（大内義隆の甥輝弘）がその国に入ることができるでしょう。

この要請が実現したかどうかは明らかでないが、次の年に同じ司教に宛てて送った手紙は、インドの副王から大砲一門が贈られたことを明らかにしている。その大砲は永禄九年にそれを積んだ船が途中、海南島附近で沈没したため海中に沈んでしまった。

私は大砲を手に入れる幸福を失いましたが、といって別の大砲を入手する希望を捨てたわけではありません。私がポルトガル国王の下僕でまたその友人であることは、デウスのこと及びわが領内にあるキリシタン及びポルトガル人一同に対して庇護を加え、厚遇を与えることによって示す通りで、私は死ぬまでこれを続け貴下の要求に応ずる心算です。ぜひ総督（副王）に手紙を送って、私が大砲の贈与を受ける資格があると伝えていただきたいのです。私が再度大砲を求めるのは、海岸に住んで敵と境を接し、防禦のためにぜひそれが必要だからです。私が領国を防衛して繁栄をもたらすことができるならば、それは領内のデウスの会堂、神父や信者たち及び当地に来るポルトガル人一同にとっても同じ結果を生ずることになるでしょう。

義鎮にとってはこうした軍需品に対する要望はポルトガル船の領内来航にもまして切実なものだったと思われる。中国地方一帯を制覇した毛利氏の勢力はこのころ豊前方面に伸び、義鎮の支配を脅かしていた。義鎮のほうでもこれに対抗して山口の奪還を図っていた。サビエルゆかりの地山口に復帰することは教会のかねての念願であったし、豊後に逃れ義鎮の許にかくまわれていた大内輝弘もキリシタンの信仰に傾いていた。そして将来山口の領主になったならば積極的に布教を保護しようと空しい約束をして宣教師たちに希望を与えていた。宣教師たちは義鎮の勝利を神に祈り、そのための武器や軍需品の入手の要望にもよろこんで手をかしていたのである。

入信の障害

入道し宗麟と号す　宣教師たちの期待と要望に反して義鎮はなかなか入信の態度を明らかにしなかった。そのあつい庇護によって領内の各地に教会堂が建てられ信者の数もふえていったにもかかわらず、義鎮は禅宗に身を委ね、永禄五年（一五六二）には剃髪入道して宗麟と号した。また元亀二年（一五七一）には京都の大徳寺の治雲禅師を招聘して臼杵《うすき》に寿林寺を建てた。その真意をはかりかねたある神父は次のように書いている。

王は現世の幸福と満足を求めているので、救いを求めようとせず、日本の諸宗派の中でもっとも悪魔的でもっとも説破するのに困難な禅宗の坊主を豊後に迎えた。王がこの坊主を大いに尊崇するので大身らもその意に副ってこの宗派に帰依した。彼は他の坊主たちといっしょに住むため大きな寺院をいま建てている。このことはわが教えに少なからぬ害を及ぼすもので、キリシタンらは王がこのことに専心し、悪魔に仕えるものに好意を示すことを悲しんでいる。しかし主はそのなすところを知り給い、人間は主の秘密を知ることができない。また全然失敗したと思われることも、主が御慈悲によって幸福に終らせ給うこともある。キリシタンの信仰に導くのはわれわれではなく、不思議で不可解な道を開き給うのは主のみであることを示し給うのである。

　たしかに信仰という面から見ればこうした態度は矛盾に満ちている。しかし義鎮にしてみれば、キリストの教えに心を惹《ひ》かれながらも、みずからその信仰に入ることによって得るものよりも失うものの大きなことを畏れていたのだろう。そのひとつは領国内の統制である。義鎮の地位と権力は立花道雪をはじめとする支族や譜代の家臣たちによって支えられたとはいえ、なお叛逆の機会をねらっている家臣も多く必ずしも安定してはいなかった。毛利氏に内応して義鎮を倒そうとするものもあった。義鎮は弘治二年（一五五六）に家臣の叛乱を避けてはじめて臼杵の丹生島に逃れて以来、しばしばこの島を危急の際の避難所として利用し、永禄のころにはここに堅固な城塞を築造した。そののち事あるごとにこの城を利用するようになったので、やがて城に近い海岸沿いの地に教会堂が設けられた。しかし義鎮がむしろ禅宗に接近していったのは、ひとつにはこうした内憂外患の迫っていた時期に当って一族の連繫と家臣たちの統制を一層強化するために、みずから禅宗の帰依者として祖宗の菩提《ぼだい》を弔うことによって宗家の威信を高めることが必要だったからで、大友家の菩提寺である府内の万寿寺に特別の庇護を与えたのもそのためであった。キリシタンの信仰では異教の徒として世を去った祖先の霊を祀ることは許されなかった。家臣たちの中にもその意味で義鎮のキリシタンへの傾倒に不安の想いをいだいていたものが少なかったのである。さらに将軍家を中心とする京都の政界と緊密な連絡を保ち、その権威を支えるために、その媒体としての禅宗に身を委ねることが望ましかったということも考えられる。

入信を妨げた夫人　ところで教会が京畿方面への布教を始めたのは永禄二年（一五五九）のことであったが、それが軌道に乗るにはなお一〇年を要した。そして織田信長の登場によって新しい時代の黎明が訪れた。やがて将軍はその地位を失い仏寺の権威も崩れ、信長の保護のもとにキリストの教会が繁栄の途をたどって行く。そうした中央の動勢を見極めて、義鎮はようやく入信の決意を固めた。そして家督を長男の義統に譲り隠居の身となった。

義鎮が容易に入信に踏み切れなかったのは、キリスト教に対して憎悪の念をいだいていた夫人の制肘によるものだったともいわれている。この夫人は国東《くにさき》の奈多八幡宮の大宮司の娘でなかなか気性の強い女性だったらしく、宣教師たちからは「ゼザベル」という渾名《あだな》で呼ばれていた。ゼザベルとは旧約聖書の中のイスラエル王アハブの妃で悪妻の代表ともいうべき女性である。その兄が重臣の一人田原紹忍（親賢）で、兄妹ともに教会に対してはげしい憎悪の念を燃やしていた。神仏信仰を「悪魔の教え」として排撃するキリシタンの信仰が義鎮の保護によって領内にひろまって行くことを心外として、彼女は義鎮に宣教師の放逐を迫り、入信を希望するものに妨害を加えたり、キリシタンと見ればその頸に懸けたロザリオや聖像を引きちぎって火の中に投げいれたりした。天正三年（一五七五）義鎮の二男親家が洗礼を受け、つづいて兄の親賢が京都の公家から迎えて養子としていた親虎が入信し、さらに多くの家臣たちが続々と信者になるのを見て彼女の激昂はその頂点に達した。義鎮としては夫人のこうした態度よりもむしろそれによって生ずる家臣の分裂をおそれて入信をためらっていたのだが、この段階に到ってはじめて洗礼を受けて信仰の道に入る決意を固めた。それは同時にすでに仇敵と化していた夫人と離別することを意味していた。新しい夫人に選ばれたのは「ゼザベル」に仕えていた女性で、一人の娘の母親であった。この母子はすでに洗礼を受け母はジュリア、娘はキンタという霊名を与えられた。義鎮が新しい夫人を迎えたことを知った「ゼザベル」の憤りはいっそうつのった。その報復をおそれた宣教師の住院では、食物に毒薬を入れられたり、夜中に放火されたりすることをおそれて警戒をおこたらなかった。

義鎮が毛利氏と抗争を続けていたころ、南の薩摩では島津貴久がその勢力の基盤を築くことに力を尽していたが、貴久の跡を嗣いだ家久は天正二年（一五七四）その分国の統一に成功し、続いて隣国の日向へ侵略の手をのばしはじめた。天正五年日向を追われた伊東義祐はその子義益と義鎮をたよって豊後に逃れた。義鎮は島津軍を討って日向を回復するために翌年すでに家督を譲っていた世子の義統に六万の大軍を率いて南下させた。戦況はきわめて有利に展開した。義鎮の命を受けて軍勢は神社や仏閣を片はしから破壊し焼き払った。臼杵の城でその報告を受けた義鎮はすっかり上機嫌で、ちょうどこの地に滞在していたカブラル神父に向かって、みずから日向にむけて出陣する意向を示した。そして日向を征服した暁には武士も領民もすべてキリシタンにしよう。その国に新しい町をつくり、ポルトガルのようなキリシタンの法律制度で治めることにしたい。居城を築くより前に教会堂を建て収入を与え一二人以上のイエズス会士を扶持《ふち》しよう。そこで自分も洗礼を受けるつもりである、といった。かねて胸中には描きながら豊後では実現することができなかったキリシタンの理想の王国を征服地日向に建設するのが大きな夢だったのである。そのためにはみずからキリシタンの王者として神の栄光につつまれて進撃することが望ましい。そこで義鎮は方針を変え、出陣に先立って臼杵の教会堂でカブラル神父から洗礼を受け、かねて希望していたフランシスコの霊名を授けられた。そして新しい夫人ジュリアを伴い、日向に向かって出発した時には「その乗った大船には白緞子に赤い十字架を附け、金繍を施した旗をひるがえし、またたくさんの十字架の軍旗をならべていた。同船の武士は青年も年老いたものも皆ロザリオや影像を胸にかけていた」。

義鎮の大きな期待に反して大友軍は耳川の合戦で壊滅的な打撃を受けて敗走した。そしてこの敗北はやがて大友家の崩壊を導く歴史の流れの大きな転機となったのである。

3　最初のキリシタン大名

横瀬浦開港

大村純忠と有馬家　西彼杵《にしその ぎ》半島の北端にあって佐世保の対岸に位する横瀬浦はいまでは寂しい港町である。この港が大村の領主大村純忠によってポルトガル船を迎える貿易港として開かれたのは永禄五年（一五六二）のことであった。それまでおよそ一〇年の間来航するポルトガル船の多くは平戸港に碇をおろした。貿易の利益を求めていた領主松浦隆信は宣教師を保護し布教活動をさかんにすることがポルトガル船を招くために欠くことのできない条件であることを知っていた。長途の危険な航海に一途に神の加護にすがってきたポルトガル人たちは無事に港に着いた時に何よりもまず教会堂を訪れ神の前に感謝の祈りを捧げるのがふつうであった。聖職者たちは彼らから絶大の尊敬を受けていた。平戸には教会堂が設けられ、また隆信の保護によって一族の籠手田安昌《こてだやすまさ》をはじめ家臣や領民たちの間にも信仰に入るものがふえていった。度島《たくしま》や生月《いきづき》など近くの島々はほとんどすべての漁民が信者となり、次々に教会堂が建てられた。しかし隆信の教会に対する態度はあいまいで一貫しなかった。その保護は貿易をさかんにするための政策に過ぎなかったからで、その政策に反対する家臣たちや仏寺の僧たちからの抗議を受けるとたちまち宣教師に領内を退去することを命じた。しかも貿易には未練を示し、教会に対して宣教師をふたたび招くことを条件にポルトガル船の入港を求めたこともあった。

永禄四年（一五六一）、平戸に入港したポルトガル船の乗組員と町の住民や武士との間にささいなことがきっかけとなって喧嘩がはじまり、ついに双方に多くの死傷者が出る、ことにポルトガル側では船長以下一四人のポルトガル人が殺されるという大きな事件に発展した。隆信はこの事件がポルトガル貿易の将来に大きな障害となることを懸念して、そのころ豊後の府内にいた教会の長老トルレス神父の許に手紙を送って、もとのように布教を保護しよう、教会堂も設けようと申し出たが、このころトルレス神父はすでに隆信の教会に対する態度は単に政策的なものであり、みずからキリスト教を受けいれる意志のないことを見ぬいて、平戸に代る貿易港を近くに物色《ぶっしょく》していたところであった。その港として選ばれたのが横瀬浦だった。

島原地方に大きな勢力をもっていた有馬仙巌晴純《はるずみ》の次男に生まれ、養子として大村家に迎えられていた純忠が二七歳でその家督を嗣いだのは、ポルトガル船がはじめて平戸に入港し、サビエルが鹿児島からその地を訪れた天文十九年（一五五〇）のことだった。先代に当る大村純前《すみさき》には嫡子がなく貴《たか》明《あき》という庶出の息子がいたのだが、この貴明を生んだ母親は身分の賤しい女だった。中国人だったともいわれている。そのため純前は家督を譲ることを望まず、貴明を武雄の城主後藤純明《すみあき》の養子として送り出し、夫人の兄に当る有馬晴純の許から純忠を迎えて後嗣に決めたのである。一族の中にはこの処置に不満をいだくものも多く、貴明に従って大村家を去り、武雄に移った家臣も少なくなかった。こうして純忠の前途には暗い影がつきまとうことになる。

幻影の十字架出現　内には反対勢力の策動に悩まされ外には佐賀の龍造寺氏、平戸の松浦氏らの侵略の脅威にさらされていた純忠が、教会側の要請を受けいれて領内の横瀬浦港をポルトガル船のために開いたことは大きな冒険であった。それはキリスト教への接近を意味したからである。永禄四年（一五六一）かねて平戸に代るポルトガル船の貿易港を物色していた教会側では、ちょうど平戸に入港したポルトガル船——その船長は闘争事件で殺されたのだが——の水先案内とひそかに相談し、松浦氏には気づかれないように屋根のついた漁船を用意して大村領内の横瀬浦の測量を行わせた。そして水深は十分にあり大型船の出入りに支障がないことが明らかになったので、さっさく大村家との交渉をはじめた。かねてポルトガル船の来航による平戸の繁栄に羨望《せんぼう》の念を抱いていた純忠はこの申し出をよろこんで受けいれ、この港を開くに当って教会に対しまた入港するポルトガル船に対して格別の便宜と優遇を与えることを約束した。その次の年、最初のポルトガル船がこの港にはいった。その船を訪れたあと、大村純忠の許を訪れたアルメイダ神父はこう書いている。

翌日、数人のポルトガル人といっしょに領主（純忠）の許に行き、去年の冬（純忠が）コスモ・デ・トルレス神父に書翰を送り、その中で、神弟一人を派遣しその土地（横瀬浦）で神の教えを説いて欲しい、また数か所に会堂を建てこれに収入を与えるために横瀬浦を港の周辺約二レグアの地の農民とともに寄付しよう、この港の内には神父たちの意志に反しては異教徒の住むことを許さない。ポルトガル船が入港した時に貿易を行うために来る商人に対しては一〇年間一切の税を免除する。そのほかにもいろいろな提案をしたことについて、トルレス神父から派遣されてきたことを伝えた。領主は私が来たことをたいそうよろこんで、二回饗応をして大いに歓迎した。そのあと家老から伝えられたところによると、純忠はこの港の周辺の土地については半分を教会に、半分を純忠の領有にしたいという意向を示したということである。

（その後）私は領主（純忠）に使を送り、トルレス神父の意向を知るまでその地（横瀬浦）に住居を建てることを求めた。同港に到着すると、まず私のために一軒の家が建てられ領主の家臣が私を接待した。ここに一種の祭壇が設けられ、ポルトガル人やこの地の信者が来てデウスに礼拝を捧げた。

一年前までは寂しい漁村に過ぎなかった横瀬浦はキリシタンの町として日増しに発展を続けていた。平戸や博多から移って来るものもあった。教会堂は入江に臨んだ小高い丘の上に建てられた。海をまたいだ大きな石橋を渡り階段を登って行くと大きな門がある。その正面に、こんもりと繁った木立の蔭に教会堂が見える。間口はおよそ一二メートル、奥行は深く約一八メートルほどの木造の美しい建物である。側には宣教師たちの住院もあり、また裏手のすこし離れたところに野菜畠もあった。信者の数はおよそ三〇〇人、日曜日には教会堂はいっぱいになった。また毎日昼ごろになると子どもたちが六〇人ほども集まってドチリナを学んだ。みんなよく祈禱を覚えていた。入江は奥まっていたし港口に高い島があるため、海上からは、ごく接近しないかぎり港口を見出すことができなかった。ところでこの島の上空にふしぎな十字架の幻影が顕《あら》われて多くの人びとを驚かした。その幻影は三日も続いて毎日午後になると顕われた。はじめて港にはいったポルトガル船の船長もそれを見たという。信者たちはこの奇蹟を記念するために島の頂上に、遠く海上からも見える大きな十字架を建てた。

戦勝の守護神

摩利支天との訣別　純忠はポルトガル人や宣教師たちとの親交を急速に深めていった。ことに豊後から老齢の身をおしてこの地を訪れた長老のトルレス神父に対しては、礼を尽して応待した。老齢とはいっても、トルレスはまだ五三歳だった。しかし多年の労苦と節食のために衰弱し、歩くにも松葉杖をつき、またフェルナンデスをはじめ随行の人びとの扶《たす》けをかりなければならなかった。日本語の達者なフェルナンデスは純忠の求めに応じて神の教えについてくわしく説き、また純忠の細かい質問に対して納得《なつとく》のいくまで説明した。こうしてますますその信仰に接近していった純忠はやがてトルレスの許可を得て黄金の十字架を作らせ、それを頸にかけて公然と家臣に接しまた兄に当る有馬義直の許を訪れた。

彼（純忠）は洗礼を受ける希望をいっそう高め、二、三十人の武士を率いて横瀬浦港に来た。神父（トルレス）はその要請によって一人の日本人を彼の許に送った。夜半まで彼の許にいたこの男は戻ってきて神父に次のように伝えた。彼はキリシタンとなる決意を固めたが、その前に神父に許可を得たいことがひとつある。それはまだ異教徒である兄の義直を自分は主君と仰いでいるために、偶像をすべて焼き払ったり寺院を破壊したりすることはできない。しかし自分は仏教の僧たちとの関係を一切断つことを約束する。彼らはやがて自滅するだろうと語ったということである。神父の許しを得たので彼はたいそう喜び、その夜家臣ら一同を連れてきて夜明けまで説教を聴いた。神父は、彼がすでに説教を聴いて教義《ドチリナ》を覚えデウスのことについて十分に悟ったので洗礼を授けてもよいとして、主な家臣たちの挙手する中でその式を行おうとした。彼は家臣たち以上に謙虚な態度を示し、神父が洗礼の式をいっそう盛大にするためポルトガル人たちを招こうとしたのに、その必要はない、教会堂にいるポルトガル人一人が親となれば十分だといって、洗礼を受けた。いっしょにきた家臣の中ですでに教義を学んだ者にも洗礼を授けたが、洗礼を受ける前に、彼はその家臣たちに学んだキリシタンの教義《ドチリナ》を高声で唱えさせた。

純忠は洗礼に際してベルトラメウという霊名を授けられた。

純忠がこうしてキリシタンの信仰に身を委ねたことは、旧勢力に対する断交と挑戦を意味するものであった。彼はその固い信念にもとづいて思い立ったことを少しのためらいもなく実行に移した。洗礼を受けた次の朝、兄の義直からの要請によって軍勢を率いて戦場に向かったが、その途中摩利支天を祀る堂の前に来た時そこで停止することを命じた。摩利支天はそのころひろく武士の信仰を集めていた仏教の守護神で弓矢八幡、毘沙門天、勝軍地蔵などと同様、武運の長久を祈り戦争に勝つことを願ってその加護を求めるのがふつうであった。ところが純忠はみずからその摩利支天の像をとり出してこれに火をかけ、さらにその堂も焼き払ってしまった。またその像の背後に高く鶏を象《かたど》った彫像がありＡびとはいつもその前で吉兆を占っていた。純忠は「これまでに幾度欺かれたことだろう」といいながら剣でその彫像を砕いてしまった。すべてが灰になってしまうと彼はその跡に美しい大きな十字架を建てさせた。そして純忠をはじめすべての軍勢がその十字架の前で敬虔な祈りを捧げてから前進を続けた。信仰の道に入った純忠はデウスを新しい守護神として戦勝を祈願したのである。その信仰を示すため彼は戦陣に臨む際には頸に黄金の十字架をかけ帯にロザリオをつけ、また陣羽織の両肩と背にゼススの文字と三本の釘を表わした意匠を付けていた。また「彼（純忠）はこの地方で戦争に用いる衣服のきわめて立派なものを身に着け、その上に着る服の両肩のすこし下に白地に地球を出し、地球の中にとても美しい緑色の文字イエズスの中央にＩＮＲＩ（Iesus Nazarenus Rex Iudaeorum. ユダヤの王、ナザレのイエズス）の文字と十字架を出し、地球の残りの白地のよい位置に三本の釘をえがいている。同様なものを背にも出している。その布にはほかに美しい色絵があり、頸にはりっぱな十字架とロザリオを懸けている」と記した記事もある。それはデウスに身を委ねた武将の代表的な信仰風俗ということができる。

フロイス神父来日　ところで純忠が洗礼を受けた日から数えておよそ一カ月後、マカオから来航したポルトガル船が横瀬浦に碇をおろした。この船にルイス・フロイスとジョバンニ・バッティスタ・デ・モンテの二人の神父が乗っていたことは年老いたトルレス神父にとってなによりの喜びだった。そのころ京都地方の布教に尽していたガスパル・ビレラのほかには神父の資格をもつ宣教師はいなかったからである。フロイス神父は三〇歳の働き盛りで、一五年前トルレスがサビエルに随ってゴアから日本への旅にのぼった時には、その地の聖パウロ学院に学ぶ神学生の一人だった。サビエルを日本に案内した鹿児島の人アンジロウとも知己の間柄で、早くから日本布教を希望していたのだが、ようやくそれが実現することとなった。こののちかれは慶長二年（一五九七）に世を去るまで三四年間日本の布教に尽したばかりでなく、その生来の文才を発揮して数多くの克明な報告書や記録を遺し、ことにサビエル以来の日本の布教の沿革について尨大な『日本史』を編述したのである。

　ところでトルレスはこのポルトガル船のカピタンのドン・ペロ・ダ・ゲラに手紙を送って、純忠の入信がポルトガル人にとって大きな喜びであることを表わすために、適当な進物を贈ることが望ましいと伝えた。年若い貴族で篤い信仰をもっていたカピタンはこの申し出に感激して「これこそ自分が日本で求め得る最高の取引であり、所得である」といって自分が使っている黄金の寝台、琥珀織《こはくおり》の掛蒲団、ビロードの枕、ベンガル絹の寝台掛、ぶどう酒の大罎さらに船中でかわいがっていた愛玩犬までも提供し、また身につけていた黄金の指輪や頸飾、トランクに納めていた猩々緋のカッパ、ビロードの帽子、上着やズボンなどをそれに添えて、純忠に最高の敬意を捧げる用意のあることを示した。

トルレスはその豪華さに驚いてそれほどのことをするには及ばない、その中の一、二点で十分だろうと説いたが、カピタンはその言葉には従わなかった。

この贈物の中に愛玩犬が含まれていたことは興味深い。というのはこのころポルトガル人によってはじめて紹介されたヨーロッパ種の犬は南蛮犬と呼ばれてきわめて珍重されたからである。ことにグレイハウンドやマスチフなどは猟犬として大名への贈物などにも加えられたので、南蛮屛風の中にもよくこの種の犬を連れた南蛮人の姿がえがかれているし、また漆器の硯箱や文箱、盆などの意匠に南蛮人と南蛮犬を組合わせたりまた数頭の南蛮犬をあしらったりした意匠が用いられている。

信仰と祖先崇拝

養父の位牌を焼く　信仰に徹した純忠はほかにも仏教の寺院を破壊したり仏像を焼いたりしたが、ことに大村家の先代に当る養父純前の位牌（宣教師の報告には像と記されている）を、焼き払ってしまったことは、仏僧や反対派のいっそう激しい憤激を招くこととなった。大村家の祖先に対するこのような冒瀆行為は彼らにとって何よりも許しがたいことであり、それだけでも、他家から来て支配者の座につき、邪教に心を奪われて大村家の伝統を汚したこの若い主君を打倒するりっぱな口実になった。

キリシタンの信仰は仏教を悪魔の教えとして攻撃したがそれは同時にその仏教の信仰とかたく結び

ついていた祖先の霊に対する崇拝を否定するものであった。仏僧の供養によって釈迦や阿弥陀の許におくられた霊は教会の無視するところとなった。信仰にはいった人びとにとって、たとえ父母であっても、異教徒として世を去った場合にはその霊を祀り、その菩提を弔う方法は全くなかった。そればかりではない。それまで霊を祀るための形式として行われていた仏教的なものはすべて無視され、廃棄されることとなった。

このように神の信仰と祖先崇拝とが両立しないという問題は当初信仰にはいった人びとを当惑させた。サビエルはこう書いている。

日本の信者にはひとつの悲しみがある。それは私たちが教えること、すなわち地獄に堕ちた人はもはや全然救われないことを非常に悲しむのである。亡くなった両親をはじめ、妻子や祖先への愛の故に彼らが悲しんでいる様子はとても哀れである。死んだ人のために大勢の者が泣く。そして私にあるいは施与あるいは祈りによって死者を救う方法はないだろうかとたずねる。私は助ける方法はないと答えるばかりである。

この悲しみはすこぶる大きい。けれども私は彼らが自分の救霊をゆるがせにしないように、また彼らが祖先とともに永劫《えいごう》の悲しみの処には堕ちないようにと望んでいるから、彼らの悲しみについては別に悲しく思わない。しかしなぜ神は地獄に堕ちた人を救うことができないかとか、なぜいつまでも地獄にいなければならないのかというような質問が出るので、私は彼らの満足の行くまで答える。彼らは自分の祖先が救われないことを知ると泣くことをやめない。私がこんなに愛している友人たちが、手の施しようのないことについて泣いているのを見ると私も悲しくなる。

またサビエルに向かって、神の教えを知ることなく地獄に堕ちた祖先を救うことができないと定めた神は無慈悲である。仏教の教えでは地獄に堕ちた人でもその宗旨の祖師を呼べば救われると説いている。その点仏教の教えは神の掟よりもはるかに慈悲の教えであると主張するものもあった。サビエルはこうした疑問や反論に対して言葉を尽して神の大きな慈悲を説き納得させたといっているが、信者たちにとってはなお心情的に割り切れないものがあったと思われる。このことがとくに家門を重んずる上層社会の人びとの入信を妨げる大きな障害であったことも事実であろう。しかし教会は絶対に妥協を認めなかったから、異教徒として死んだ祖先の霊を祀り供養する道は全く閉ざされてしまった。教会では信者の葬儀は盛大に行い、信者のために設けられた墓地に手厚く葬った。日本では自分の父親でも、死んだ際には常に用いる門でなく裏門から埋葬場に運び他人に見られないようにするのがふつうだったとか、日本人は貧しい死者を犬のように少しの儀式も行わずに埋葬する習慣があるなどと宣教師は記しているが、それはごく貧しい農民や漁民の場合で、上層社会では仏式によってりっぱな葬儀が行われていたし、またそれぞれの家の菩提寺には祖先代々の位牌が祀られ、歴代の墓所がならんでいたにちがいない。しかしキリシタンの信仰がひろまり、仏寺は破壊され、仏像は取捨てられ焼払われるようになれば、これらの祖先の墓所や位牌なども当然異教的なものとして退けられ閑却されてしまったであろう。教会に通う子どもたちが、先祖の墓地をまるで憎んでいるものを攻撃するように破壊し尽したという例もある。それにしても仏教徒として死んだ父母に対して信者たちはどのような形で葬儀を行いその霊を慰めたのだろうか。また教会はこうした場合にどのように信者たちを指導したのだろうか。その点については具体的な史料がなく、謎につつまれている。

焼失した横瀬浦港　キリシタンの信仰にはいった純忠が大村家の先代純前の位牌を焼き払ったことに端を発した純忠打倒の陰謀は、後藤貴明を中心にして着々と進められた。八月のある日貴明は純忠の許に使者をおくり、純忠が進んで信仰の道に入ったことを讃え、自分も妻子や家臣たちといっしょに説教を聴きたい。その上で洗礼を受けたいと望んでいるので、できることならば横瀬浦にいる神父たちを招きたい。よろしく斡旋《あっせん》して欲しいと伝えた。それが巧妙に仕組まれたわななであるとも気づかず、純忠はさっそく家老の弟に当るドン・ルイス・新助を使者としてこの旨を横瀬浦に連絡した。そのころトルレス神父は衰弱の極に達していた。そこで一カ月半ほど前に入港したポルトガル船で来日したばかりのルイス・フロイス神父を代理として送ることに決めたが、彼も突然熱病にかかって倒れ、行くことができなくなってしまった。

こうしてドン・ルイス・新助の一行を乗せた船は大村へ戻っていったが、その途中針尾の瀬戸にさしかかった時、突然待伏せをしていた叛徒の一隊の襲撃を受けて一人残らず惨殺されてしまったのである。当然その中に神父たちが含まれていたものと信じた叛徒たちは、この襲撃計画の成功を報らせる合図の狼煙《のろし》を夜空に高く打ち上げた。その合図に応じて大村では仲間の一隊が純忠を討とうとその館に乱入し、火を放った。しかし身の危険を知った純忠はすばやく脱出して姿をかくしてしまった。わずかに身に帯びたのは刀と小さな聖母マリアの画像だけだった。

こうして叛乱の陰謀は失敗に終ったが、その余波は大きかった。横瀬浦ではまず、ドン・ルイスたちが針尾の瀬戸でみな殺しにあったという報道が伝わり、つづいて純忠も大村の館で殺されたという噂がひろまった。やがて叛徒の軍勢が横瀬浦に迫って来るかも知れないという不安に町は恐慌状態におちいった。そのころこの町にはポルトガル船から絹を買付けるために豊後の商人たちが来ていた。かねてキリシタンに反感をもっていたこれらの商人たちはこの機会に町を混乱に陥れ、陸揚げされていた商品を掠奪しようと図って町に火を放った。抵抗して殺されたポルトガル人もあった。二年前に港が開かれてから繁栄の道をたどっていたこの港町はたちまちの中に廃墟と化し、美しい教会堂も灰になってしまった。フロイスの『日本史』によれば、病床に臥《ふ》していたトルレスとフロイスは船に逃れるのが遅れて豊後の商人たちに捕えられ、人質として監禁されたということである。その理由は前にポルトガル船に渡した代金に対して、ポルトガルの商人たちが商品を引渡さずに出帆してしまうことをおそれたためで、三、四日後協定が成立して商品が引渡されるまでの間、二人は病気と幽囚の二重の苦しみに耐えなければならなかったということである。

福田沖の海戦

有馬氏の布教保護　純忠が横瀬浦を開いて教会の布教事業を援けポルトガル船を迎え入れたことを知った実父の有馬晴純、兄の有馬義直（義貞）はすすんで教会への接近をはかり、その領内への宣教師の派遣を求めた。晴純は仙巌と号し、この時すでに八〇歳、家督は義直に譲ってはいたものの、なおその影響力は大きかった。島原半島の南端日野江城を本拠として半島全域を支配していたこの有馬氏が教会に布教を求めたのはもとよりその信仰に心をひかれたためではない。宣教師を保護し、領民の信仰を許すことによって、領内の港にポルトガル船を誘致することができると考えていたからである。その下心は見えすいていた。『日本史』の中でフロイス神父が述べている言葉をかりれば、

われわれの説くことはきわめて宗教的、神的であって、すべての点で彼らの考えている現世的、人間的な、また理性の原理と真理を欠くことと矛盾する。それ故のちに彼らを直接の真の目標、つまり一切善の至高な元祖であるわれらの御主デウスへ導くためには、まず彼らがその現世的な関心の興味と希望に心をひかれるようにして、彼らのもとにはいる途を見出すことが必要であった。ポルトガル人はわれわれと同国人であったから、トノたちはきっと船が彼らの領国の港の一つに来るであろう、それは神父たちの意志と命令次第であろうと考え、船が来るようにするため

に神父たちが領内にいることを望むようになった。

横瀬浦にいたトルレス神父が有馬氏のこうした下心を十分に見ぬいていたにもかかわらず、喜んでルイス・ド・アルメイダ神弟を派遣したのは、ひとつには有馬氏が平戸の松浦氏をしのぐ大きな勢力をもった大名であったからであり、またたとえその動機はポルトガル貿易にあったとしても、もともと純忠と肉親の関係にあり、利害関係もまた共通しているので、いずれは純忠と同様に教会のために有力な保護者になるであろうと期待していたからであった。

アルメイダは永禄五年（一五六二）からその翌年にかけて数回島原や口ノ津に布教を行い、有馬義直や島原の城主島原純豊から歓迎を受けた。その成果は大きく信者の数は次第にふえていった。口ノ津では無住となっていた寺を提供された。代官の命令でおよそ百人の労働者が早朝から集まって改装の仕事をはじめ、仏像を戸外に運び出したり、掃除をして新しい畳を敷きつめたり、周囲に縁側をつけたりしてわずか一日ですっかり見ちがえるほどりっぱな教会堂を造り上げた。縁側の外には水槽を設け、山頂から長い管でひいた清水が音をたてて流れこんでいる。説教を聴くために集まってきた人びとはここで足を洗って教会堂にはいっていった。この教会堂からおよそ三〇〇歩はなれた小高い丘の上に大きな十字架が建てられた。

島原地方の布教がこのように順調に進められたのはひとつには純忠が領主の身で率先してキリシタンの信仰にはいったという情報が伝わっていたからである。それだけに大村領内に反乱が起こり、横瀬浦が焼かれ純忠が殺されたという噂がひろまるとたちまち激しい反動の渦がまき起こった。もともと仏教の僧たちは宣教師たちを有馬の領内に招くことに反対していた。そして領主の義直に向かって、宣教師たちは人間の肉を食う悪魔で、いたるところに戦乱と破壊をまき起こしている。もし領内に土地を与えて教会堂を建てさせればたちまちポルトガル人たちが来てそこに砦を築いてしまうにちがいない、などと進言したばかりでなく、家中の有力者や多くの民衆を扇動して布教活動を妨害させていた。すでに島原では信者に対する迫害がはじまっていた。

大村に叛乱が起こると、仏教の信仰に篤い有馬家の親戚や重臣たちは僧たちの言葉に動かされて、キリシタンの保護者であった領主義直に反抗してその地位を奪った。やがて仙巌の命令で口ノ津の信者たちは棄教を命ぜられ、教会堂は閉ざされ十字架は切り倒されてしまった。アルメイダは事件の真相を伝えるために信者たちを訪れたが、船から上陸することさえもできなかった。しかしこの嵐も長くは続かなかった。それは純忠が叛乱を鎮め、その勢力を回復させたことが明らかになったためであり、またひとつには有馬氏に大きな影響力をもっていた豊後の大友義鎮が教会のために支援を惜しまなかったからである。こうして永禄七年（一五六四）つまり横瀬浦が焼失した次の年には、口ノ津にふたたび信仰の火がともることとなった。そればかりではなく、長老のトルレス神父がこの地に移り、およそ四年の間滞在していたので、来往する宣教師たちも多く、各地から移って来る信者の数もふえてまるで教会の本部がここに移ったかのようであった。そして永禄十年（一五六七）には三艘のポルトガル船がこの港に入った。ポルトガル貿易の港として開かれた横瀬浦が壊滅したあと、それに代わるべき適当な港を物色していた教会にとって、かねてこの口ノ津は重要な候補地のひとつとなっていたのであった。

なおこのころ信仰は天草島から五島にまでひろがっていた。天草では志岐の領主鎮経が信仰に入った。かれはポルトガル船を誘致することを期待して宣教師たちを優遇したのだが、やがて長崎が開港された後、その望みが遂げられないことを知って信仰を捨て、かえって信者の家臣や武士、領民を弾圧し迫害を加えるようになった。この島で志岐氏とならんで大きな勢力をもっていた本渡《ほんど》の天草伊豆守がアルメイダを招いてその説教を聴いたのは永禄十一年（一五六八）のことである。しかしそのために叛乱が起こり、苦しい立場に追いこまれた。しかし当時天草の島をその勢力の下に支配していた豊後の大友義鎮の支援を得てようやく反対派を制圧してのち、天正六年（一五七八）になってその子種元をはじめ一族、家臣らといっしょに洗礼を受けた。彼は同十年に世を去ったが、種元の信仰心は固く、やがて秀吉の勢力が九州に及び禁教の嵐が吹きすさぶようになってからは、この島は教会の布教活動の本拠となった。

五島の領主五島純定は永禄九年（一五六六）アルメイダを招いてその家中や領内に教えをひろめさせた。純定の子純尭は次の年にこの島を訪れたジョバンニ・バッティスタ・デ・モンテ神弟から洗礼を受けてルイスの霊名を与えられた。多くの家臣や武士、領民が入信し、大値賀（福江）をはじめ六方、奥浦にも教会堂が建てられたのである。

平戸に教会堂建設　純忠の領内の長崎がポルトガル貿易の港として開かれたのは、横瀬浦が壊滅してから七年目に当る元亀元年（一五七〇）のことであった。それまでの間大名たちの期待と教会の布教工作とポルトガル船の商人たちの打算とがたがいにいりみだれ渦を巻いて目まぐるしい歴史が展開した。

永禄七年（一五六四）横瀬浦をめざして来航したポルトガル船が二艘あった。その一艘はジャンク船だったが、港が壊滅していたため二艘は針路を変えて平戸の島の河内浦に入港した。しかし貿易を行うためにはまず神父の許可を得なければならない。領主松浦隆信はそこで近くの度島に、難を逃れて滞在していたフロイス神父のところに使者を送って、神父を平戸に迎えることを約束してその船を平戸に回航させて欲しいと頼んだ。度島は早くからキリシタンの信仰が行きわたり、およそ三五〇人の島民がすべて信者となっていた。ところで船長たちも新しい教会堂を平戸に建ててフロイス神父を迎えることを許可して欲しいと隆信に請願したけれども、その約束はなかなか実現されなかった。この二艘と同じころにマカオを出航したサンタ・クルス号が平戸に近づいたのはおよそ四週間後のことだった。それは大型帆船で三人の神父が乗っていた。海上でははげしい暴風雨に会い船体は大破し、苦難を重ねてようやく横瀬浦まで来たのだが、廃墟と化した港の状態を知って平戸をめざしたのであった。その途中、フロイス神父を乗せた小船に出会った。

私は度島で、サンタ・クルス号が来航したという報らせを受けたので、その船長と商人たちに平戸に入港しないよう求めるために、すぐに小船で出かけ途中で同船が平戸に向かって帆走しているのに出会った。船長は高徳でイエズス会員に対する友情の厚い人で、すぐに引返そうとしたが（フロイスは口ノ津へ向かうことを勧めたのである）商人たちは航海中の苦難に疲れ果て、たとえ商品を失うとしても引返すことはできないといいはった。私は（同船に乗っていた）神父たちといっしょに、この船を平戸に入港させることはキリシタンの王ドン・ベルトラメウ（純忠）の敵の勢力を強化することになると説いた。彼らはそのことは諒承したものの、結局彼らの欲に勝つことはできず平戸への入港を阻止することができなかった。

フロイスは以上のように書いている。こうして船は平戸に近い河内浦に入港したものの、フロイスの指示によって、領主の松浦隆信が平戸に教会堂を建て宣教師の滞在を認めない中は貿易を行わないという態度をとった。隆信もポルトガル船との取引の大きな利益を目の前にしてこれ以上布教反対の態度を続けることはできなかった。フロイスの画策は功を奏した。やがて隆信の許可を受けて、ポルトガル人たちは美しい教会堂を新たに建てた。その教会堂はポルトガル人とキリシタンのためには御《おん》孕《やどり》のサンタ・マリアと呼ばれ、キリシタン以外の人びとのためには天門寺と名づけられた。こうして隆信は教会を保護し布教を奨励するかに見えたが、それが一時凌ぎの妥協に過ぎないことを知っていたフロイスは、平戸がポルトガル貿易の港となることが、大村純忠の敵である松浦氏の勢力を助長する結果となるのを惧れた。またかねてキリシタンに憎悪の念をいだいている仏教の僧やそれに随う住民たちが、教会堂や十字架を冒瀆する行動に出ることも予想され、ふたたび流血の惨事の勃発する危険もあった。

松浦勢福田を襲撃　その翌年来航したポルトガルの定期船は、教会の示唆《しさ》にしたがって平戸に入港することを避け、大村領の福田に入港した。福田は長崎の北に当り、外洋に臨んだ小さな漁港だったが、はじめてポルトガル船を迎えて、にわかに活況を呈し、教会堂も設けられ、各地から多くの信者たちが集まってきた。純忠もその後幾度かこの地を訪れ、神父たちや船の司令官らに迎えられた。

いっぽう松浦隆信にしてみればポルトガル船が平戸を見捨てて福田に入港したことは、南蛮人の背信行為であり、利敵行為であり、その体面を傷つけられたことになる。そこで彼は、ポルトガル船から生糸を買入れるために平戸に来ていた堺の商人たちと図って、福田港のポルトガル船の積荷を掠奪しようと計画した。そして商人たちの大型船約一〇艘と松浦家の兵船七〇艘に精鋭の武士を満載し、十分に兵器弾薬を用意して福田に向かわせた。平戸にいた神父はこのことを知って、すぐに福田港の司令官の許に通報したが、ポルトガル人たちはそれを妄想に過ぎないとして一笑に付してしまった。こうして不意を襲われたポルトガル船はたちまち八艘の大型船にとりかこまれて攻撃を受け苦戦に陥ったが、近くにあった小型のガレアン船からの援護砲撃が功を奏し、およそ三時間にわたる交戦ののち、松浦勢は大きな損害を受けて敗走した。ポルトガル船の戦死者は八名、負傷者は一名だった。松浦勢では約八〇名が戦死、一二〇名が負傷した。その戦死者の中には身分のある武士二十余名が含まれていたということである。

その後の五年間ポルトガル船は、永禄十年（一五六七）に一度口ノ津港にはいったのは例外として、毎年福田に入港した。

長崎の開港　しかし福田港は十分な測量や調査の結果選ばれた港ではなく、どこまでも平戸を避けて大村領にポルトガル船を入港させるためにさしあたって物色された港に過ぎなかった。外洋に臨み強い西風にさらされるという自然的条件も、和船の場合はともかくポルトガルの大型帆船にとっては望ましいものではなかった。そこで元亀元年（一五七〇）教会ではポルトガル船の水先案内らといっしょに小船で沿岸を調査した結果、長崎が横瀬浦に匹敵する良港であることを知ったのである。もし純忠の兄有馬義直がこのころキリシタンの信仰にはいっていたならば、あるいは長崎の代りに口ノ津港が選ばれていたかも知れない。義直が洗礼を受けたのは天正四年（一五七六）のことである。

そのころ長崎は寂しい漁港で、山手に城を構えていた長崎甚左衛門の支配に属していた。この領主は純忠の家臣で、主君とともに洗礼を受けた熱心なキリシタンであったから、城下では信者の数も多く、トドス・オス・サントス（諸聖人）に捧げられた教会堂も建てられていた。また福田港が開かれてからは、大村と福田を結ぶ道筋に当るこの長崎に足を留める宣教師たちも少なくなかったのである。

長崎の開港については、後世の記録ではあるが日本側の史料にもいろいろ伝えられている。『長崎根元記』には次のように記している。

ところで長崎の港は海底が深く三方が高い山に囲まれ、難風を凌ぐことができるので第一の港であると見立て、（南蛮船が）元亀元年にはじめて長崎に着船した。そこで上方をはじめ諸国の商人が仮屋を建てて商売を始めた。そのころ今の内町は大村の領主大村民部入道理専（純忠）の領地だったので理専の家来友長対馬というものを派遣し、蛮夷どもが末々までもこの地へ着岸するならば取立てようということで、元亀二年に町割をして国々から集まって来るものをそれぞれ一所にまとめて、あるいは豊後町、大村町、あるいは平戸町、五島町などと名付け、町の頭人《とうにん》を定めた。

こうして長崎が新たにポルトガル貿易の港として開かれると、各地から集まって来る人びとの数は年々増え、これまで葦原が続いていた海岸沿いの地域はにぎやかな港町に変貌していった。その住民の大半はキリシタンの信者で、教会堂の数も増えキリシタンの町としての繁栄の基礎が築かれたのである。しかし町の防備は十分とはいえなかったので、大村純忠に敵対する近くの諫早《いさはや》の西郷氏や隣接する深堀氏、また平戸の松浦氏などの襲撃を受けることも多く、時には激しい戦闘によって町がほとんど潰滅状態に陥ったこともあった。そして開港から九年後、天正八年（一五八〇）純忠がこの長崎と近くの茂木《もぎ》とを教会に寄進し、教会領としたのは、ひとつにはそのころ強大な勢力で近隣の国々に脅威を与えるようになった佐賀の龍造寺氏にこの港を奪われることを惧れたためであった。

4　京畿の武将たち

都の妖術師

ビレラとロレンソ　織田信長が桶狭間《おけはざま》の合戦で今川義元を破り、つづいて徳川家康と手を握り、美濃を平定して岐阜に城を構え、やがて足利義昭を奉じて京都に進出するまでのあわただしい歴史の動きは華やかな安土桃山時代の到来を告げる序曲であった。キリシタンの布教活動が京都に根をおろし、多くの困難を克服して畿内一帯にひろがっていったのもちょうどこのころのことである。その主役となったガスパル・ビレラ神父がはじめて京都に足を踏みいれたのは永禄二年（一五五九）のことであった。

ビレラはポルトガルのエボラに生まれ、インドに渡りゴアでイエズス会に入会した。弘治二年（一五五六）に日本視察のために来航したインド副管区長メストレ・ベルシオール・ヌニェスに同行して来日した。そして一年間府内に留まり、長老のトルレス神父に命ぜられて平戸に行き布教活動に従事した。松浦家の支流である籠手田安昌をはじめその一族が熱心な信者となり、その所領であった度島や生月の島民の間に根強い信仰が行きわたったのもビレラの努力が実を結んだものであった。しかし松浦隆信が禁教の態度をとったため、ビレラは永禄元年（一五五八）退去を命ぜられて府内に戻った。かねてサビエルの遺志をついで京都地方に布教活動を開始することを念願していたトルレスは、この困難な開拓の仕事をビレラに委ねることにした。フロイスの『日本史』によれば、彼は生来苦難の重荷に耐えるすぐれた健康をもち、日本人むきの良い風采を具えており、当時すでにかなり日本語を話し、多少日本語を書くこともでき、とりわけ異教徒の教化に大いに熱意をもち、デウスの光栄と霊魂の幸福のためには、つらい労苦をも耐えようという大きな熱望をいだいていて、その交際においても、そのやり方においても日本人に甚だ好まれていたからである。

彼は当時三五歳を数えていた。

二人の日本人が同行を命ぜられた。その一人はもと琵琶法師で弁舌の才に長《た》けていたロレンソ神弟で、説教はもちろん宗教論争を行っても常にすばらしい説得力をもっていた。「彼は誰一人からも論破されることなく、公然と学識豊かな僧侶や身分ある人びとと論議し討論したので、その説教によって数十人の人びとが改宗させられた。彼の埋論の強烈な迫力に説伏されて、高慢な不遜な学者たちもその足許に伏して、彼から福音の聖い教えを受けるに至ったものさえあった」とフロイスは賞讃している。他の一人はダミアンという伝道士である。

京都での布教活動は九州の場合とちがって大名の力に頼りその保護を求めることはできなかった。ポルトガル船をその領内の港に誘致するという手段で大名たちの心を動かすという工作も通用しなかった。ビレラは市中に小屋を借りて、直接民衆に教えを説くことからはじめた。しかしはじめて見る異邦人の姿に恐怖をいだき反感をもつ人びとも多く、狐とか天狗とか呼んでののしり、また人間の肉を食べるといって怖がった。近所に大火があった時に、このような妖術師が来て悪魔の教えを説いているからこんな災難が起こったのだという噂がひろまった。石や泥を投げつけられることもしばしばだった。また妨害や反対が強いため、その住居も転々と移さなければならなかった。下京に借りた家はみすぼらしい小屋ではあったが、説教所としての体裁をととのえるため、壁に古い縫合わせの掛蒲団をかけて装飾とし、それに紙でつくった十字架を結びつけた。古いカパ（合羽）を着け頭には大学を卒業したしるしの赤い帽子を冠ったビレラが小さな机を前に座っていた。机の上には祈禱書と紙や硯がならんでいる。その片側に伝道士のダミアンが座り、他の側では大きなロザリオを手にしたロレンソが集まって来る人びとに向かって言葉巧みに説教を行っていた。そのころビレラから洗礼を受けたジュスト・メオサンという老人は、後年フロイスに向かって次のような想い出話をしている。

ビレラ神父が都に来てはじめて泊っていた家はまるで乞食小屋のようで戸も窓もなく、墨で十字架を書いた紙が張ってありました。小さな土器に水がすこしはいっていましたが、神父は何が書いてあるかわからない祈禱書を開き、いくつか祈禱の言葉を読み上げたあとで、その少量の水を私の頭にかけて、これであなたはキリシタンになったといいました。

ロレンソの説教は当然仏教に対する批判を伴い手きびしい攻撃もくりかえされた。そのことは仏教の僧たちを刺激し、はげしい反感を呼びおこした。聴衆にまじって討論を挑む僧もあったし、またかげで中傷の言葉をまきちらすものもあった。

やがてビレラは、好意を寄せてくれた一人の高僧の斡旋によって妙覚寺に将軍足利義輝を訪れ、歓待を受けた。将軍から許可状を与えられるとようやく妨害はしずまり、集まって来る聴衆の数も次第に増え、信仰の道に入る人びとも多くなった。永禄三年（一五六〇）の夏――桶狭間の合戦が行われたころである――四条坊門に買い入れた家にビレラはささやかな教会堂を設けた。そしてこの年の暮、京都ではじめて行われた降誕祭にはおよそ一〇〇人の信者が集まってキリストの生誕を祝ったのである。

結城山城守の入信　そのころ畿内でもっとも大きな勢力をもっていたのは大和を支配していた松永久秀であった。久秀はもともと戦国の波瀾の中に浮び上がった成上り者であったが、管領細川家の家臣三好長慶に仕え、堺や京都の代官をつとめて次第にその勢力をのばした。そして終いには長慶をしのぐ権力を身につけ、京都の政務をすべてその手の中に握るほどになっていた。かれは熱心な法華教の信者で、ビレラが将軍義輝から布教の保護を受けたころ、これに反対する仏教の僧たちから賄賂を受けて、ビレラたちを京都から追放する工作をしたこともあったが、すでに将軍から許可状を与えられている以上これを取消すことはできず、失敗に終ってしまった。

延暦寺の僧たちはとりわけ強硬だった。その要請を受けた久秀は、この異国の僧の説くところを討論によって十分に吟味し検討を加え、その教えが邪教であり世間に害を及ぼすものであることを明らかにした上で、その布教を禁止し、追放処分にすることとして、その吟味の役を果すために二人の学者を選んだ。その一人は家臣の結城山城守忠正という老人であった。フロイスによれば「彼は学問及び妖術に名高く剣道に達し巧みに書翰を認《したた》め、文体添削の名手で、当時の日本人の学識に応じた暦に造詣が深かった」ということである。天文、暦学や陰陽道《おんようどう》に造詣が深かったのであろう。そして他の一人は「公卿の生まれの名門の貴人で、シナ及び日本の諸学に卓越していたので、内裏は彼をその師に選用していた」とフロイスが記している清原大外記枝賢《しげかた》であった。二人はともに当時の一流の学者で京都の知識人を代表する人物であった。

宗論というよりはむしろ異端糾明《きゅうめい》の審判ともいうべきこの討論の場として松永久秀の主城である奈良が選ばれた。このような計画をたて久秀に進言したのは、久秀に仕えその相談役となっていた大和宇陀郡沢城の城主高山飛騨守図書《ずしょ》であった。

ちょうどそのころ京都のディオゴという熱心なキリシタンの信者が久秀に訴訟を申し出ていたが、それを促進するため、奈良に行き結城山城守を訪れた。話はたまたま神父の京都追放のことに及んだが、ディオゴは固い信念を以てデウスについて、またキリシタンの教義について語り、山城守の質問に対してもすべて適確な答弁をして驚嘆させた。こうしてこの新しい信仰に心をひかれた山城守はディオゴの勧めに従って、そのころ戦乱の続く京都を避け、堺に滞在して布教に当っていたビレラ神父に宛てて、その教えについて深く聴問したいので、ぜひ大和へ来駕を請うという趣旨の手紙をしたためて、ディオゴに託した。かねて身辺に危険を感じていたビレラはこの誘いの手紙に疑惑をいだき、山城守の真意を確かめるためにまずロレンソを奈良に派遣した。ロレンソは山城守と清原大外記を前にさわやかな弁舌で教えを説き、数々の質疑に答え、議論をたたかわせた末に二人を信仰の道に導くことに成功した。なおロレンソは山城守の紹介によって松永久秀にも会った。しかしその心を動かすことはできなかった。やがてビレラ神父は山城守からの迎えを受けて奈良に行き、二人に洗礼を授けた。二人が入信したことを知った高山飛驒守も神父を訪れ、二昼夜にわたって熱心にその説教に耳を傾け、終いに洗礼を受けダリオという霊名を与えられた。

こうしてキリシタンの教えを糾明し神父を追放する意図の下に選ばれた二人の碩学《せきがく》と、その企画の推進に尽力した飛驒守がかえってその教えに心をひかれ入信したことは松永久秀に大きな衝撃を与えた。彼はキリシタンに対して表面上は好意を示していたものの、いっそう反感をいだいたのである。

高山飛驒守

河内飯盛城の説教　結城山城守の長男左衛門尉《さえもんのじょう》は三好長慶の家臣で、その居城である河内《かわち》の飯盛《いいもり》城を預っていた。父の山城守がビレラから洗礼を受けたころちょうど奈良に来ていた。彼も説教を聴いて他の七人の武士といっしょに洗礼を受けた。父の霊名はアンリケ、左衛門尉はアントンと呼ばれることになった。飯盛城に戻ったあと、かれは同僚の武士たちに向かって熱心にキリシタンの教えのすぐれていることを説いて、入信を勧めた。以前は粗暴で放埓《ほうらつ》な生活を送っていた彼が信仰にはいってからはまるで人が変ったように温和で思慮深い態度を示すようになったことは人びとを驚嘆させ、説教を聴きたいという要望が高まった。そこで彼は京都に戻っていたビレラ神父のもとに使者を送ってロレンソを派遣して欲しいと申し出た。

片目で醜い顔をしたロレンソが乞食坊主のような姿で飯盛城に現われた時、武士たちは軽蔑の眼で迎えひそかに笑いを洩らした。しかしその説教には熱がこもっていた。どのような質問にも相手が納得するまでわかりやすく答えた。この説教の結果入信を希望する武士たちは七三人に及んだ。その中には河内の八尾《やお》の城主であった池田丹後守教正や飯盛城に近い三箇島の領主であった白井伯耆守頼照など有力な武将たちもいた。その後城を訪れたビレラはこれらの武士たちに洗礼を授けた。

左衛門尉は城に近い河岸の砂ノ寺内と呼ばれたところに邸を構えていたが、そこに建てた教会堂は畿内では最初のものであった。またサンチョという霊名を受けた白井伯耆守はその領内の周囲を水に囲まれた小さな島に、以前に建てた神社を壊して聖堂を建て、熱心に家臣たちに入信を勧めた。やがておよそ三〇〇〇人に及ぶ武士たちが信者になったころ、そこに神父たちの住宅のついた立派な教会堂を設けた。この教会堂は永禄八年（一五六五）京都から宣教師が追放されてのち、その避難所としてまた信者たちの集まる場所として重要な役割を果したのであった。この三箇島は現在は寝屋川に沿った平地となっているが、当時は深野池と呼ぶ大きな池があり、その中に三つの島があったということである。

ジュスト高山右近　ところで奈良で信仰の道に入り沢城に戻った高山飛騨守図書は、京都に戻ったビレラの許に手紙を送って、その信仰を家族や家臣たちに伝えるためにロレンソを沢に派遣することを求めた。外国人であるビレラを招くことは道中の危険が憂慮されるので遠慮したのである。ロレンソはすぐに沢に向かった。城へ近づいた時、飛騨守はみずから出迎え城内に案内した。ロレンソは飛騨守の家族と家臣や武士たちを前に数日にわたって説教を続け、信仰に導いた。そして一五〇人に洗礼を授けた。飛騨守の夫人はマリア、長男はジュストという霊名を受けた。ジュストはのちにキリシタン大名として信仰を貫き、波瀾に満ちた生涯を終った高山右近友祥である。城主飛騨守は家族や家臣、武士たちが入信したことを喜んですぐに城内に立派な教会堂を建てた。永禄七年にこの城を訪れたルイス・デ・アルメイダは城内の模様を次のように記している。

この城は高い山の頂上にあり、着いた時にはまるで空中にある思いがした。周囲半レグアの間に高い杉や松などの樹木があるのできわめて美しい。またおよそ二〇レグアの間に河畔が一面の耕地になっていて眺望絶佳である。私たちは城内にある会堂に迎えられたが、その会堂は長さ九ブラサ（一ブラサは二・二メートル）幅三ブラサ半あり、建物は小さいけれども中に室がたくさんある。礼拝堂、聖器所、ミヤコから来る神父や神弟その他を迎えいれる部屋などいずれもきわめて清潔である。これらの室はすべて杉材で作られ、周囲に縁がある。夜に入ってから城主が二〇人あまりの家臣をはじめたくさんの部下を連れ、狩りで獲た大きなイノシシを携えて来訪した。彼は会堂に来てまず祭壇に飾ってあったキリスト復活の画像の前に跪いて祈禱を行った。この画像は彼が重臣に命じてわれわれの（ヨーロッパ）画を写させたもので、一見して原画のように巧みにえがかれていた。

その会堂に飾られていたキリスト復活の画像が西洋画の模写であったということは注目に値する。というのは、サビエルがもたらした聖母マリアの画像を島津貴久の母が見て感銘しそれを手に入れたいと思ったが、その写しを作る手段はなかったという話があるからで、日本画の絵師には西洋画を模写できなかったのである。しかしそれは鹿児島の場合であって、京都附近ではそれを上手に模写する技法を身につけた絵師もいたのであろう。

飛騨守はキリストの信仰を家族や家臣ばかりでなく親戚や友人知己の間にもひろめることに力を尽した。その結果沢に程近い十市《といち》城、摂津の余野、同じ摂津の高山など各地に信者の数が殖えていった。ことに高山は飛騨守の出身の地で、そこに住む年老いた母が仏教徒として世を去ることに耐えられなかった飛騨守は、ロレンソを伴ってその地を訪れ、母をはじめその身辺に奉仕している侍女や武士たちを信仰に導き洗礼を受けさせたのである。母はかねて死後のために小さな仏堂を設けていたが、改宗のしるしとしてそれを聖堂に変え聖ジュリアノに奉献した。のちにビレラ神父は彼女を見舞い、この聖堂でミサをあげた。飛騨守が望んだとおり彼女は神の栄光につつまれてその生涯を終えたのである。

奈良の大仏

アルメイダの見聞　こうしてビレラ神父とロレンソの精力的な活動によっておよそ五年の間に信仰は京都を中心に摂津、河内、和泉から大和地方にまでひろく伸びていった。しかも貧しい民衆ばかりでなく立派な学者や有名な大名、武士たちが続続と入信したことは大きな成果であった。肥前の口ノ津にあってこのことを知った長老のトルレスはビレラを援けるためにルイス・フロイス神父を派遣することを決めた。またアルメイダを同行させ、各地の布教状況を視察して報告することを命じた。二人は堺まで来て別れ、フロイスは京都に上り、アルメイダは病気を静養するためにおよそ三週間その地の有力な信者日比屋了慶の邸に留まった。その後飯盛城を訪れたが、病気が再発したためそこから輿《こし》で京都に送られ二カ月も床に臥した。やがて回復してから奈良への旅に上り、松永久秀の居城信貴山城を訪れたのち奈良の町を見物した。美しい堂塔伽藍の建ちならぶ興福寺、森にかこまれた巨大な杉の並木の奥にある春日神社、その参道の両側に立ちならぶたくさんの美しい石灯籠、そして手向山《たむけやま》八幡宮、中でも最もアルメイダの目をひいたのは大仏殿であった。

その堂には三つの門がある。正門と庭の両側にある高くて大きな門である。庭の四方に廻廊がある。この庭と廻廊はその構造が精巧、堅牢で目を楽しませる。私が見た中で最も美しいもののひとつである。庭の中央に堂がある。長さが四十ブラサ幅が三十ブラサほどで、階段も玄関も床もすべて方形の石を敷きつめている。堂の入口の左右に二つの大きな像がある（仁王の像であろう）。堂を入ると両側にタモンデア（多聞天）、ベシャモンデン（毘沙門天）と呼ばれる門番が立っている。この門番は高さが十四ブラサあり、均整はとれているが怖ろしい顔をしている。それぞれの像が片足で鬼（邪鬼）を踏みつぶしているのが目をひく。堂の中央にシャカ（釈迦）の像がある。その両側にカノン（観音）とシン（勢至）の二子の像がある。シャカの像は銅で造られ巧みに金を塗り均整がとれている。二子の像は木造に金を塗ったもので、まばゆいばかりの金の光線（後光）が出ている。シャカの像は高さ十四ブラサの坐像で、座っている台はきわめて美しい薔薇で六ブラサある（蓮台のことである）。

　この堂には杉柱九八本がある。とても高くまた太くて周囲が三ブラサ半ある。加工する前には四ブラサはあったと思われる。すべてろくろ細工を施したかのようである。これを据付ける時に下のほうにひとつの穴があけられ、その穴は人がひとりくぐり抜けることができるのだが、柱がきわめて太いためその穴があることに気づかない。

　アルメイダは大仏殿の高壮なこと、大仏の雄大なことには感嘆しているものの、たくさんの参詣人が各地から集まり、この仏像によらなければ救われないと考えていることを思うと、慨嘆の涙にむせぶのであった。中国人やインド人とちがって、日本人は実に賢くて思慮深いのに、このような無知に陥って悪魔のために欺かれているのはまったく驚くほかはないともいっている。布教の成果を知り、キリストの勝利を信じていただけに彼はそのことを痛感したのであろう。なおこの大仏殿はそれから二年後に松永久秀のために焼き払われ、大仏の頭も焼け落ちてしまった。

奈良の信者たちに別れを告げてからアルメイダは十市城を訪れ、続いて沢城の高山飛驒守に迎えられた。この城には十日間滞在したが、その時飛驒守から、以前に使者として美濃へ行った時にその国の有力な武将二人を信仰の道に引入れたという話を聞いた。そこでアルメイダは美濃まで出かけてその二人に洗礼を授けようと準備をととのえたのだが、美濃はあまりに遠すぎる。堺に戻って便船に乗ることができなくなることを惧れて断念した。しかしもしその二人の改宗が成功すれば教会にとって大きな収穫であると信じたアルメイダは、すぐにそのことを京都のビレラのもとに報告した。

約束した便船が堺を出帆するという連絡が届いて、アルメイダが出発した時、飛驒守はその途中に危険な峠があるといって鉄砲や弓矢、鎗などで武装を固めた武士二四人を遠方まで警固のために同行させた。そしてそのあと堺まで四人の武士が同行し、途中で必要な費用をすべて支払った。

武人の求めた信仰　京都に近いこれらの地方の大名や武将たちがキリストの信仰に入った動機は九州方面の場合にくらべて大きなちがいがあった。布教の保護によってポルトガル貿易の利益を期待することもなかったし、宣教師を通じて武器や軍需品を手に入れるということも考えられなかった。珍らしい豪華な贈物に心を動かされたためでもない。ビレラたちははじめからそのような品物は用意していなかったので、はじめて将軍義輝に謁した時にもわずかにビレラが平生黙想をする際に使っていた小さな砂時計を進物にしたに過ぎない。将軍としてははじめて見る異国の珍品だったとはいえ、大内義隆や九州の大名たちが贈られた豪華な品にくらべれば実に貧弱なものだった。

応仁の乱からすでに一〇〇年、天皇も将軍もすでにその権威を失っていた。うちつづく戦国の動乱の中に新しい時代が近づいていた。崩れ落ちようとしている旧い社会体制に見切りをつけ、みずからの力で新しく生きぬく道をきり開くことに努めていた地方の大名たちに比べて、その旧い体制を支え守ることを使命としていた京畿地方の大名や武将たちにとって明るい未来はなかった。商業都市として独自の自治制度を築き上げた堺をはじめとして、京都や奈良その他の都市の商人層の勢力は次第に増大し、その固い団結と統制された組織力は領主たちの権力を脅かしていた。また自分たちの生活を守るために互いに手をつないで立上がった農民たちは社会の基盤を大きく揺るがしていた。すでに形骸化していた古い秩序は、相次ぐ戦争や叛乱によって次々に打壊されていった。このような時代の終末を敏感に感じとっていた京畿地方の武人たちの動揺と不安は大きかった。彼らはそれぞれ仏教の信仰をもってはいたが、仏教はただ伝統の上にその抽象的な教理を展開するだけで、彼らの心の支えにはならなかった。仏教の僧たちは、これまで寄生していた政治権力がその権威を失ったためみずから武装し自衛の策を講じていた。比叡山にしても石山本願寺にしてもすでに仏教の道場というよりも大きな軍事集団と化していた。僧たちは仏の戒律を忘れて政治的権力を求め現世的な欲望を満足させることに汲々としていた。その信仰は形の上ではひろく一般に普及していたとはいえ、それを支えていたのは祖先崇拝の伝統であった。このころ商人層を中心として新しい福神の信仰が急激に高まってきたのは、彼らにとっては仏にすがって来世の平安を求めるよりも、これらの新しい神々に現実的な利益を祈願するほうが、この時代の転換期にその現実生活をより豊かにし、その勢力を伸ばすために望ましかったからである。恵比寿、大黒、弁才天など後世七福神として固定しひろく信仰されるようになったこれらの福神は、仏教から生まれたものではなく、このころに京畿地方の商人層によって選び出されたもので、その組合わせも時期によって変化があったのである。しかしこれらの福神も、時には戦勝祈願のために毘沙門天を崇拝するような場合はあったとしても、心の支えを求めている武人たちには縁遠いものであった。

これらの武人たちは京都の高い学問と文化の影響を受けていたので、はじめてキリシタンの教えに接した時、それをこれまで信仰していた仏教の教えと比較し、その信仰によって満たされなかったものが何であったかを知ることができた。ヨーロッパの知性によって築き上げられたキリシタンの教えは科学的合理性によって裏附けられていた。人間を超越した唯一絶対の存在としてのデウスを説くキリシタンの教えには、仏教に比べてはるかに人間性の尊重が強調されていた。こうして武人たちはようやくその心の不安を克服することのできる信仰の道を見出したのであった。

5　京都の南蛮寺

信長入京

信長宣教師を引見　永禄八年の正月元旦——西暦では一五六五年の二月一日に当っている——ビレラは九州から上洛してきたばかりのフロイスを伴って将軍足利義輝の許に年賀の挨拶に出かけた。ビレラは美しい法衣に黒い頭巾《ずきん》を冠り、フロイスは、日本の着物の上にポルトガル人の用いる羅紗のカパを着け、二人とも輿に乗り、二〇人ばかりの信者たちが後に随った。ふつう大名や武将、仏寺の僧たちが参賀する際には杉原紙と金の扇を進物にするのが例であったが、信者たちと相談した末、フロイスが遠隔の地から来たので、できればポルトガルやインドの珍らしい品を用意することにして、大きなガラスの鏡、帽子、琥珀、麝香少量、竹の杖を進物とした。深い堀に囲まれ、警衛の武士たちに守られた武衛陣御所に着き、大身たちに迎えられた。華麗な謁見《えつけん》の間でビレラが義輝に謁して賀詞を述べ、そのあと二人は義輝の生母慶寿院を訪れて饗応を受けた。この謁見はもとより形式的なものに過ぎなかったが、神父たちは、義輝の保護さえあれば妨害や侮蔑を受けることなく布教が順調に行われ、信者たちの平和な生活も保証されると期待していたのであった。

しかしその期待はほどなく裏切られることとなった。それからわずか五カ月ののち義輝は三好長慶の子義重（義継）、松永久秀の子久通のために襲われ殺されてしまったからである。京都はふたたび混乱に陥った。この若い二人の叛逆者を陰であやつっていた松永久秀の斡旋により、義重は朝廷に請願して宣教師を京都から放逐するという女房奉書を受けた。公卿たちの間にはこの異邦人が人間の肉を食べるとか、その姿を現わす地には必ず戦乱や災禍が起こるという俗説が信じられていたのである。京都の町々には「天竺人はデウスの教えをひろめたため京都から追放しその会堂は没収する。彼らは永久に追放されたものであるから何人もかくまうことは許されない」という告示が掲げられた。二人の神父は信者たちの身の上に心を残しながら京都を離れ、ビレラは飯盛城に、フロイスは三箇に移った。その後堺の町で二人は再会したが、次の年豊後のトルレス神父からの指令でビレラは九州へ戻っていった。

フロイスは京都への復帰を求めていろいろな手段を講じたが成果を得られないまま四年の月日が過ぎ去った。そのころの堺は「日本全国の中でこの町ほど安全なところはない。他の諸国で戦乱があってもこの町は平穏で、勝者も敗者もこの町に来て住めばみな平和に生活し、たがいに他人に害を加えることはない」とビレラが書いているように、商人たちの自治によって統治され、戦乱から超絶した平和な町であった。堺の近郊で戦争が行われていた時、フロイスは両軍ともに多数の信者の武士が加わっていることを知って、毎日彼らのためにミサを挙げ、絶えず祈禱や断食や鞭打《ジンピリナ》を行って神の加護を祈った。フロイスの宿所の窓から野外に設けられた双方の陣営と多数の武士たちを眺めることができたが、信者の隊長の陣には十字架やキリストの名を入れた大きな旗が立っていた。また信者の武士たちはキリストの名や十字架を表わした金や銀のしるしを兜に附けていた。戦闘が終って町にはいって来ることもあったが、その時にはたがいに親しく挨拶をかわして話し合っていた。降誕祭の日には、近くのいつも会合衆《えごうしゅう》が会議をひらく広い家を借り受けて仮の教会堂とし、町の金細工師が丹誠こめて作った降誕の図の額を飾りつけた。町の内外から大勢の信者たちが集まって説教を聴き懺悔を行い深夜のミサに列したが、その信者の中にたがいに戦場で戦っている両軍の武士が七〇人ほど加わっていた。彼らはまるで一人の主君に伝える武士たちのように礼儀正しく仲よく話し合いまた食事を共にしていた。

永禄十一年（一五六八）織田信長は足利義昭を奉じて京都に入り、反対派を制圧した。かねて義昭に仕えその流浪の旅に奉仕を続けてきた和田伊賀守惟政は、信長から山城の守護に任ぜられ摂津を兼管することになったが、その惟政の部下にダリオ高山飛驒守が加わっていた。惟政は近江の甲賀郡の土豪で、以前から飛驒守と親交があった。京都に来た時に誘われていっしょに教会堂を訪れ説教を聴いたこともあり、キリシタンの信仰に深い理解を示していた。いっぽう飛驒守は居城沢城が松永久秀に反対する三好一派の軍勢の攻撃を受けて陥落したため、一時郷里の摂津高山に逃れていたが、惟政が信長の配下となり、義昭を奉じて入洛することを知ってすすんで惟政の部下となり、その軍勢に加わったのである。惟政は飛驒守を摂津の芥川城の守将とした。

やがて飛驒守の要請を受けて惟政は信長からフロイスを京都に復帰させる許可を得ることに成功し

た。こうしてフロイスは四年ぶりに信者たちの歓迎を受けて京都に入った。朝廷からもまた松永久秀からも、フロイスを追放して欲しいという要求が信長に伝えられたが、信長はこれを退けた。

惟政の斡旋によってフロイスがはじめて信長に謁したのは、信長が義昭のために造営していた二条城の工事場だった。ロレンソもいっしょだった。進物に用意したのはガラス壜にいれた金米糖《こんぺいとう》と数本の蠟燭だった。金米糖はポルトガル語でコンフェイトと呼ぶ砂糖菓子でわが国ではきわめて珍らしいものだった。また蠟燭も蜜蠟で作った西洋蠟燭で教会堂で使っていたものと思われる。信長は、仏教の僧たちの妨害によって布教活動が圧迫されているという訴えを聞いて、僧たちは尊大で、民衆を欺し、金を儲けることと肉欲を満足させることしか望まず、悪い習慣にふけり乱れた生活を送っていると答えた。そこでフロイスはロレンソを介して、比叡山の学僧や禅宗の僧たちと宗論をさせて欲しいと申し出たが、信長は僧たちが討論に応ずるかどうかわからないが考えておこうといった。それから二日後フロイスは惟政の案内で将軍の義昭に謁した。

その後信長から、京都に滞在することを許可する、妨害するものがあれば厳重に処罰すると記した朱印状が届けられた。義昭からもほぼ同文の制札が下附された。

しかし布教活動が軌道に乗るまでになお曲折があった。かねて朝廷に仕え、信長から御所修理の奉行を委ねられていた朝山日乗という日蓮宗の僧は、かねてキリスト教にはげしい反感をいだいていた。信長の態度を不満としてフロイスに与えた許可状の撤回を求めたばかりでなく、正親町《おおぎまち》天皇を動かしてフロイスを追放せよという綸旨《りんじ》を手に入れた。そしてその実行を義昭に迫った。この難局を打開するため、フロイスは惟政の助言と援助を得て岐阜に下り、その居城に戻っていた信長に謁した。信長はフロイスを厚くもてなし、天皇や将軍の意向などは気にかけることはない、すべてのことは私の権限にあるのだから、私のいうことに従っていればよい。好きなところに住んでいてよいのだといった。信長の布教保護の態度は朝廷の干渉を受けてもすこしも動揺するところはなかったのである。

和田惟政への期待　フロイスたちが誰よりも頼りにしていた和田惟政は信長から摂津高槻の城を与えられていた。高山飛驒守も芥川城からここへ移り、家臣として惟政に仕えていた。フロイスの使者としてロレンソがこの城を訪れた時、惟政は大勢の武士たちを前にして次のように語った。

私はデウスの教えについて数回説教を聴いたが、それによればデウスすなわち天地創造の主は唯一の存在であり、日本のもろもろの神もまた仏も人間が作り上げたもので、とるにたらない。私はまだキリシタンになる決心は固めていないが、すでにフロイス神父の庇護を引受けている以上、城内に会堂を造ることを決意した。そのため城外のすこし離れたところにある大きな神社を壊して（その用材で）会堂を建築し、神父が堺へ行ったり京都に行ったりする際に泊まれるようにしたい。また神父が当地を通過したり数日間滞在する場合にはその経費は私が負担しよう。会堂がまだ落成しない中は、私が不在の場合でも私の座敷を提供しよう。神父の随行者が少ない時には私の家から手伝いとして二人を提供し、一切の用事をさせまた会堂を守らせよう。もし朝廷が神父を京都から追放することに決めたとしてもこの高槻にいれば京都と大差はない。私は京都に上るたびに神父を同伴して一、二カ月そこに滞在させることにしよう。いま五畿内全土に疫病がひろまりたくさんの人が死んでいるし、また農民たちは畠仕事に忙しいので会堂を建てると決めた地所にはさしあたり小屋を建て、もし戦争がなければ、冬が過ぎてから決めたとおりの建築をはじめることにしたい。

惟政はまだ信仰の道にははいっていなかったが、その教えをよく理解し布教活動を支援するために尽力を惜しまなかった。フロイスたちはその入信に大きな期待をかけていた。ところが彼が元亀二年（一五七一）八月高槻附近で隣国の荒木信濃守村重の軍勢と戦闘を交え思いがけなくも戦死を遂げてしまったことは、教会にとってもまた信者たちにとっても大きな衝撃であった。フロイスはその戦死の模様を詳しく記した報告の中で、

いま私たちはまるで狼にとりかこまれた羊のような危険にさらされています。このような困惑の中で、私たちを友として援けてくれる大身は一人もおりません。異教徒たちは、私たちを庇護するものは皆すぐに死んで滅亡してしまうと宣伝していますから、大身たちはいっそう私たちを憎み、援けようとするものは少ないのです。

と書いている。

惟政が戦死したあと、まだ成年にも達しない息子の惟長が高槻城主となった。高山飛驒守はその子

ジュスト右近とともに有力な家臣としてその信頼を受けていたが、それも長くは続かなかった。右近はこの時すでに二〇歳、若く勇敢な武士として目立つ存在となっていた。やがて惟長は高山父子を討つ策謀をめぐらしたため、父子はそのころ信長から摂津国の支配を委ねられていた荒木村重に図り、その支持と援助を受けて惟長と和田一族を高槻から放逐してしまった。村重は約束に従って飛驒守に高槻城とその周辺の領地を与えたが、飛驒守は間もなく隠居して城主の地位を右近に譲り、自分は信仰のことに専念し、家臣や武士、領民の間に教えをひろめるために力を注いだのである。

高槻城下の復活祭

高山飛驒守の献身　高山父子が高槻城の主となってから、入信を期待されながら不慮の戦死を遂げた和田惟政の遺志は着々と具体化されていった。飛驒守は城外のもと神社のあった地所に木造の大きな教会堂を建て、またその傍に宣教師たちが泊るための住宅と大名や貴人を迎える大きな家を建てた。この教会堂の建築には、用材はもとより釘一本も古いものは一切使われなかった。デウスをまつることは心を新たにすることであるから、すべて新しい材料を用いなければならないというのが飛驒守の信条だったからである。教会堂が落成し最初のミサが行われた時、飛驒守は涙に咽び床にひれ付して、これで私の希望はすべて達せられた。この上はいつ主の許に召されても本望であるといった。教会堂の前には美しい樹々にかこまれた美しい庭があり、ひときわ高く聳えている大木を背にして三段の階段の上に大きな十字架が建てられた。教会堂に集まる信者たちはまずこの十字架の前にひざまずいたが、そのあたりは四季折々の花がいっぱい咲いていた。この教会堂や住宅、十字架などを清掃するために三人の老人がその家族といっしょに雇われていたが、時には飛騨守がみずから掃除をしている姿も見られた。

こうして飛騨守は率先して信仰のために献身し、また家臣や武士たちにも入信を勧めた。その結果二年間にその家族たちも含めておよそ五〇〇人が洗礼を受けた。神父が洗礼をさずける時に彼は喜んでその世話をし、一人一人その名と霊名を帳簿に記入し、また霊名を書いた紙片をそれぞれに手渡した。そしてどんな身分の低いものに対しても自分から名附親になった。そして入信した人びとが祈禱を覚えるに従って錫の十字架や聖像を分けてやった。また京都から挽物師を一人呼びよせ、数珠《コンタス》を造る仕事に当らせたが、この男もやがて勧められて信仰の道にはいった。

信者たちは組に分けられ、毎年四人の組頭が定められた。組頭の仕事は布教活動を行い、貧しい人びとを見舞い、死者の葬儀を行ったり、教会堂で行われる儀式や祭儀の準備をしたりすることで、また各地から来訪して来る客の接待にも当った。死者の葬儀はとくに盛大に行われたが、これは仏教徒たちを信仰に引入れるための示威でもあった。仏教の信者の場合、一般に財産があれば盛大な葬儀が営まれるが、身寄りもなく貧しい人びとが死んだ時には、その遺骸を聖《ひじり》とよばれている人びとのところへ運びそこで焼いてもらうのがふつうだった。キリシタンの場合にはたとえ貧しい人びとでも教会堂で立派な葬儀を行い、葬列をととのえてキリシタンの墓地まで送り埋葬するのが例になっていた。城内で貧しい二人の武士が死んだ時、飛騨守は組のものにいいつけて立派な柩《ひつぎ》を作らせ、中央に白い十字架をつけた緞子《どんす》の布でこれを蔽い、大勢の武士や領民の信者に、提灯を手にし行列をととのえてこれを送らせた。先頭には十字架をもった武士が進み、飛騨守と右近とは正装をして柩の前を歩いていった。十本ほどの大きな白絹の旗には、それぞれキリストの受難の道具をえがき、またゼススと書いた金文字が表わされていた。感激した人びとは競って墓穴を掘り埋葬を手伝った。身分の高い女性たちまでが土塊《つちくれ》をとってその墓穴に投げいれた。キリシタンの墓地には大きな美しい十字架が建っていた。そしてそれぞれの墓所には木の十字架が置かれた。このように、貧しい人びとの葬儀が盛大に行われ、領主自身が葬列に加わって名誉を添えるキリシタンの慣わしは、それを目撃した人びとはもちろんその噂を耳にしたものでも、その信仰に心をひかれたことと想像される。

戦争がはじまるといつも右近が先頭に立ち部隊を率いて戦陣に向かっていった。城に残る飛騨守は信者たちといっしょに戦勝の祈願を行い、また京都の神父たちの許に書面を送って右近と武士たちのためにミサを挙げ、デウスの加護を祈って欲しいと頼むのだった。戦争の際には戦死者も多く、遺された家族たちが生活を失い路頭に迷うことも少なくない。領主としてまた信者として飛騨守はそれらの遺族の生活を守ることにも力を注いだ。まだ飛騨守の一族以外には信者がいなかったころのことである。ある時の戦争でおよそ六〇人の武士が生命を落とした。飛驒守は遺族の救済に力を尽し、遺児たちには戦死した父の収入を与えて養育費とし、また寡婦にはその生活を保証し、望むものには再婚の道を講じてやった。領主のこうした心遣いに感激した遺族たちは、飛驒守がその家の前を通るたびに戸外へ出て手を挙げて感謝の意を示した。

高槻は京都に近いため、フロイスたちはよくその教会堂を訪れてミサを挙げ、説教を行い、また信者たちの告解を聴いたり、洗礼をさずけたりした。神父たちがいない時には、信者たちは毎日二回、早朝と夕刻に教会堂に集まり祈禱を行った。飛驒守と右近はいつも最初に姿を現わした。そして日曜日と聖徒の祭日には飛驒守自身訓話を行い、また信心のための書物の一節を朗読した。

天正四年（一五七六）の四旬節に飛驒守は聖週の儀式を盛大に行うためにオルガンチノ神父を招いた。神父は二人の日本人を伴に連れていたが、枝の祝日の行列を行うのに聖職者が足りないことを察した飛驒守は、自分でできることならば何でも手伝わせて欲しいと神父に申し出た。そこでオルガンチノは彼に白麻の祭服を着せ、行列の際に十字架を運ぶ役目を与えた。彼は喜んで腰の大小をはずし、祭服を身にまとい、十字架を手にしてしずしずと歩を進めた。よく手入れの行きとどいた長い鬚の、背の高いこの老人の緊張して歩く姿は、まるで何年も教会で司祭の補佐を勤めた修道士のようだった。集まっていた女性たちの中には思わず笑いを洩らしたものもあったが、多くのものが感動の涙にむせんだ。

復活祭の行列は、これまで日本で行われた中で最も荘厳なものであったとオルガンチノは述べている。教会堂の前の広い地所に薔薇を飾った大きなアーチが作られ、数多くの蠟燭がともされ、樋で引いた水が音を立てて池に流れ込んでいた。遠近から集まった信者たちは行列の際に、形も色もとりどりの美しい提灯を手にしていた。その数は五〇〇を超えていたが、小鳥や魚の形をしたもの、小舟を象《かたど》ったものなど、すべて見る目を楽しませた。行列のあと信者たちは教会堂で神父から聖餐を受けたが、飛驒守はその人びとを饗応するために六〇〇人分を超す食事を用意させていた。

八木城主内藤如安　ビレラ神父がはじめて京都で布教活動をはじめた年からちょうど一〇年目に当る元亀元年（一五七〇）は教会にとって大きな変革の年であった。この年日本の布教長として来日したフランシスコ・カブラル神父は天草の志岐にフロイスを除く宣教師たち全員を集めて会議を開いて新たな部署を定めた。その結果カブラルと同じ船で着いたニェッキ・ソルド・オルガンチノ神父はフロイスを援けるため京都に派遣されることとなった。また京都布教に尽力したビレラは健康を損い極度に衰弱していたためインドに還ることを命ぜられた。またこの会議からおよそ二カ月後、サビエルとともに来日してから二一年間長老として大きな業績をおさめたトルレス神父がこの地で六〇歳の生涯を終えたのである。

オルガンチノはこの年の暮に京都に着いた。またカブラルは九州各地を巡歴したあと次の年の春に入京した。惟政が戦死を遂げたのはその秋のことである。フロイスはカブラルを案内して岐阜に下り信長を訪問して大いに歓迎された。この時カブラルは眼鏡をかけていたが、眼鏡をはじめて見た町の人びとは、ふつうの眼の上にさらに二つ目玉のある奇怪な異邦人が現われたと思い込み、その評判を聞き伝えた群衆が宿舎の前に殺到し大騒ぎになったということである。そのあとカブラルは京都へ戻ってから、フロイス、オルガンチノ両神父を伴って将軍義昭に謁した。

このころ信長と義昭との関係は悪化の度を加えていた。京畿地方の大名や武将たちの間にも信長の方に加わる派と義昭を支持する派と両派が生じ、たがいに反目し抗争するようになり、動揺が続いた。キリシタンの信仰に入った大名たちもどちらの派に属するかによってその将来を賭けることとなった。天正元年（一五七三）――高山飛驒守とその子右近が和田惟長を滅ぼして高槻城主となった年である――信長はついに義昭を放逐して室町幕府を抹殺したが、それによって義昭方に属していた大名、武将たちはその領地を失うこととなった。丹波国船井郡八木城の城主でフロイスから洗礼を受け、ジョアン（如安）の霊名を与えられた内藤飛驒守忠俊もその一人である。丹波国の守護は管領細川氏で内藤氏は代々守護代を勤めていた。細川氏が没落して後は内藤氏が八木城主としてその地方を領有していたのである。天正元年の春信長の軍勢が京都に迫った時、ジョアンは義昭を救援するため三千の部隊を率いて京都に上った。その時の模様をフロイスは次のように書いている。

旗にはすべてこの都では珍らしい十字架を附け、兜の上には大きな金字でゼススを表わしていた。騎兵四〇〇人と歩兵一六〇〇人の一隊を率いて公方様（将軍のこと）の許に赴いた。その日の午後、異教徒の武士は一人も加えずキリシタンだけを伴ってこの会堂に来た。そして長い祈禱を行ったのち、懺悔をしたいと謙虚に私に申し出た。そして十分に準備をするため日本語で書いた指数書を求め、私たちがかねて翻訳しておいた懺悔の書物を持ち帰り終夜寝ることなく早朝まで読みふけり、よく解らない箇所は私に質問するために紙をはさんで置いた。そして次の日に私のところに来て二時間あまりも疑問を質し夜に入ってしまったが、私はその謙遜で従順なのに驚いた。日本の異教徒は死やそれを連想するものを厭《いと》うが、彼は若い武士であるにもかかわらず、その数珠《コンタス》の端に大きなくるみほどある頭蓋骨の彫刻を附けている。

信長の軍勢が京都に入った時、ジョアンは義昭が立てこもった二条城に入ったが、フロイスや会堂に災禍が及ぶことを心配して毎日三回も四回も使者を送って会堂の様子を尋ね、フロイスたちに丹波の八木城に難を避けることを勧め、八木に行くまでの道中の宿や、その城に残っている家臣たちにフロイスたちを保護することを求めたり、また八木では仏寺を明け渡してその宿舎にすることを命じ、フロイスは自分の主君であると思って欲しいと伝えた。しかしフロイスはその勧告に従わず京都に留まっていたため、戦争の渦に巻きこまれて苦難にさらされたのであった。

その後義昭が京都を追われ信長の勝利が決定した時、ジョアンはその領地を奪われてしまった。こうして彼は失脚したのだが、その前途にはよりいっそう波瀾に富んだ後半生が用意されていた。やがて信長が倒れ豊臣秀吉の世になると、ジョアンはふたたび起用されてキリシタン大名小西行長の部将となった。そして朝鮮陣にも参加して手柄を樹てたが、慶長五年（一六〇〇）行長は関ケ原合戦で亡び、その領地肥後は加藤清正の支配するところとなった。こうしてふたたび浪々の身となったジョアンはジュスト高山右近の斡旋によって、右近が客臣となっていた加賀金沢の前田氏に迎えられた。のち慶長十九年（一六一四）徳川家康が禁教の政策を明らかにし、宣教師や信者たちを国外に追放した時、ジョアンも右近といっしょにマニラに放逐されてしまったのである。

内藤ジョアンは義昭を援けたためにその領地を失ったのだが、河内八尾《やお》の城主シメアン池田丹後守教正は信長方についたためにかえって重く用いられるようになった。かれは三好長慶の家臣でビレラから飯盛城で洗礼を受けた一人である。その城で長慶が永禄七年（一五六四）に病死したあと、その子の義重（義継）に仕えていた。信長が摂津から河内を平定した時、義継は河内半国を与えられて若江城主となり、池田丹後守はその城代の地位を得た。ところが義昭が信長に抗戦した天正元年、義継は義昭の陣営に加わって河内の若江城に立て籠り、信長が派遣した佐久間信盛の軍勢の攻撃を受けた。その時城の防衛に当っていた池田丹後守は多羅尾右近らとともに義継を裏切って攻囲軍に内通し、ひそかにその軍勢を城に導きいれた。そのため城は陥り義継は自殺してしまった。この功労によって信長は丹後守と多羅尾にこの城を守らせることにした。こうして丹後守は高槻城の高山父子とならんで教会を支える大きな柱となったのである。

三層の南蛮堂

信者の奉仕と献身　京都の下京四条坊門の姥柳町にあった教会堂はもともと民家を買入れて改装したものであった。長い年月の間に建物はすっかりいたんで、四本の柱の中三本にひびが入り、残りの一本は曲っていた。風の強い時には倒壊する惧れがあるので、戸外に出ていなければならないという状態だった。キリシタンの信仰に対して好意をいだいている信長の権力によってようやく京都に平和が訪れたころ、立派な教会堂を新たに建てたいという要望が信者たちの間に高まってきた。それは当然フロイスやオルガンチノの望んでいたところでもあった。教勢がさかんになるにつれて、身分の高い人が来訪する機会も多くなって来たからである。この計画が決まると二人の神父はそのことを長崎にいた長老カブラルに報告して許可を受けた。資金の補助も認められた。しかしフロイスの言葉をかりれば「わずか二人しかいない外国人の神父が、大勢の異教徒たちの意志に反して美しい完璧な教会堂を建てるということは、まるで二人のムーア人がローマやリスボンに来てキリスト教の教会堂の側に回教の寺院を建てようというのと同じことであった」。しかしその困難を克服してこの計画を成功させることができたのは信長の庇護と高山父子、池田丹後守をはじめとする多くの信者たちの献身的な奉仕によるものであった。大名たちをはじめ主立った信者は集まって協議を重ねて建築の設計図を作り、またたがいに工事の計画と分担を決めた。あるものは材木を調達して京都まで運ばせる。あるものは工事に参加する人びとの食糧として近江から大量の米を買入れて来る。また工事のための大工や人夫をその城から送ることを引受けるというような相談がまとまった。京都では材木が手に入らなかった。信長の命によって、戦火にかかった上京の復興のために材木はすべて差押えられていたからである。そこで特別の許可を受けて河内の山から伐出して運ぶことにした。京都の最初の入信者の一人であったジュスト・メオサンという老人は、自分が行けば安く手に入るといって寒さのきびしい中を河内の山中まで出かけて木材を選んで買入れる交渉をした。こうして手に入れたたくさんの良材を、今度は若江、三箇、甲賀の城の武士たち、その家族や仲間が一五〇〇人、力を合わせて、山から淀川べりまで運び出した。川の対岸には高槻の城から派遣された武士たちが、ダリオ飛騨守の指揮の下に、冷たい水の中に裸で入ってその材木を船に附ける作業に当った。この材木は川をさかのぼって伏見まで運ばれ、工事場に届けられたのである。飛騨守はオルガンチノや大工たちといっしょに設計の図面を引く仕事に当ったが、特に入用な用材の一部の調達を引受けた。かれは二、三人の従者と樵夫や大工を連れて馬で山中に入り、自分で木を選んで伐倒させ、自費で雇った人夫にそれを高槻の城まで運ばせて川船に積み、さらに京都に着くと荷車で工事場まで届けさせた。すべての信者たちがそれぞれ分に応じてこの工事のために奉仕した。権力や財産のある人びとは費用を負担し、また人夫を提供した。貧しい信者たちの中には、家で縄をなって持って来るものもあり、板や釘を集めて持参するもの、大工たちの食糧として米や煮鍋を家から運んで来るもの、魚や家で作った料理を送り届けるもの、中には大工や人夫の給与の一部とするために家で木綿の布を織って持って来るものもあった。ある武士は戦死した息子の甲冑に絹の着物を添えて寄進し、その霊魂をなぐさめるために使って欲しいと申し出た。またある武士の寡婦は他家に嫁した娘といっしょに、高価な畳一〇〇枚を作らせて寄進した。

住民の反対　敷地は、のちに信長が最期を遂げた本能寺から街一筋をへだてたところにようやく手にいれたが、地所がせまいため礼拝堂と宣教師たちの住院をならべて建てることができない。やむを得ず、一階を礼拝堂にしてその上に二層を重ねるよりほかはなかった。その二層に六部屋を設けた。なお礼拝堂についてはオルガンチノがいろいろ指導して正式のものとしたようである。ところが工事が進行している最中に、周囲の住民から思いがけない反対の声が上がった。その理由は異邦人の寺が町なかに高く聳え立つことは目ざわりであり、また高いところから異邦人に見降ろされては近くの家の女性たちは庭にも出られないということだった。市政をあずかる町の年寄たちはこの声をとり上げ抗議したが、結局信長とその任命した京都所司代村井貞勝の権力には抗し切れなかった。

こうして工事は順調に進められ、およそ一年後にはほぼ完成した。この新しい教会堂は聖母マリアに献ぜられ、昇天の聖母《ノッサ・スニョラ・ダ・アスンサン》の会堂と命名された。天正四年七月二十一日（一五七六年八月十五日）まだ工事は続いていたが、オルガンチノはこの会堂で最初のミサを行った。この八月十五日は二七年前にサビエルがはじめて鹿児島に上陸した記念すべき日で、聖母昇天祭の日に当っていたからである。この教会堂は京都の名所のひとつとなった。狩野元秀は洛中洛外の名所をえがいた多くの扇面のひとつにこの教会堂の絵を加えているが、それには「なんばんだう」と記されている。京都の人びとは南蛮堂、南蛮寺などと呼んでいたのであろう。

天正四年（一五七六）の十二月、この新しい教会堂で降誕祭が行われたが、その前夜豊後からフロイスと交代するために派遣されたジョアン・フランシスコ神父が着いて、フロイス、オルガンチノはもちろん集まってきた信者たちを感激させた。こうして五畿内で最初の荘厳なミサが行われたのである。やがてフロイスは後事をオルガンチノに託して豊後に戻っていった。その次の年になって盛大な落成式が行われた。当日には京都はもちろん畿内の各地からたくさんの信者が集まってきた。高槻城の高山父子は家族をはじめ二〇〇人を超える武士たちを従えて上京してこの式に列し、告解をし聖体を拝領した。なおこの年信長は紀伊雑賀の一揆を討伐するため和泉に侵攻したが、その軍に加わったシメアン池田丹後守はある寺院を焼き払う命令を受けた。彼は鐘楼に吊してあった大きな見事な釣鐘を京都の教会堂の鐘にすることを思いついて、それを降ろして遠く京都まで運搬することを命じた。その鐘は京都のどの寺院の鐘よりもはるかに優秀なものだったということである。しかし果して仏寺で用いる鐘をそのままこの教会堂で用いたかどうかは、明らかでない。

6　信長と神父たち

右近苦境に立つ

村重謀反と高槻城　京都の教会堂がようやく完成して信者たちが喜びにひたっていたところ、思いがけない事件が起こり、オルガンチノは、これまでいつも教会に対して変らない好意を示してきた信長のために苦境に立たされることとなった。それは天正六年（一五七八）の秋、信長の部将で摂津、河内の両国を与えられた摂津伊丹の有岡城を守っていた荒木村重が、信長に抵抗を続けている石山本願寺と手を組んで叛乱を起こしたからである。その背後には信長を打倒し中央への進出を図っていた毛利輝元がいた。輝元の許には信長によってその将軍の座を追われ京都から放逐された足利義昭がかくまわれていた。輝元は信長を破ることができたならば、村重に六カ国を与えることを約束していたのである。このころ毛利方に対する信長方の前線は播磨まで伸びていた。この年の五月には吉川元春らに包囲された上月城を救援するため、信長自身出陣を決意した。それは実現しなかったが信長は羽柴秀吉と荒木村重に命じて現地に向かわせた。その村重が信長の信頼を裏切って敵方に寝返りをうったことは信長にとっては大きな打撃であった。摂津が毛利方の手におちれば前線をはるかに山崎の線まで後退させなければならないからである。説得も無駄に終った。信長は山崎に陣を張り、まずジュスト高山右近友祥の守る高槻城を包囲させた。しかし堀は広く城壁はけわしい上に、城兵の抵抗は手《て》剛《ごわ》かった。この城を陥れるためには兵糧攻めの作戦をとるよりほかはないかに思われた。

高山右近はこの時二六歳だった。主君である村重が叛旗をひるがえしたことを知って、それが信長に対する忘恩の行為であり、また強力な信長の軍勢を敵にまわして戦うことはかえってその領国を失うことになるだろうと諫言《かんげん》したが聞入れられなかった。右近は戦争を回避する意志のないことを明らかにするために、妹と一人の息子を人質として有岡城に送り、村重の命に従って高槻城の防備を固めたのである。この城は五年前高山父子が村重の援助を受けて城主和田惟長を放逐した時には、火災のため城門の上にある稜堡二カ所と小さな櫓一カ所が残っていただけのみすぼらしい状態であった。右近は城主となってから鋭意築城工事を進め、難攻不落の堅固な城を築き上げたのであった。

信仰にもとづく説得　信長はキリシタン大名である右近を説得して降伏させるためにオルガンチノの協力を求めることにした。そして、キリシタンの教えでは主君に対する忠誠を説いている。右近は村重の臣下ではあるが本来の主君は信長であり、逆臣である村重に同調することは信者として戒律にそむくことになる。その道理を説いて右近に降伏を勧めて欲しい、と伝えた。その命令に従ってオルガンチノは再三にわたって高槻城の右近を説得したが、人質の身を案じた彼は容易に応じなかった。信長は態度を硬化させ、オルガンチノをはじめ宣教師や主な信者たちをその陣営に呼び集めた。フランシスコ神父はその時の状況を次のように書いている。

信長は守将（右近）が降伏できないという事情を十分に認めたものの、そのことが彼の領土の回復にかかっているため、道理に対しては目を閉じ、私たち一同をその陣営に招いた。まるで刑場にひかれる思いだった。信長は重臣の一人（松井友閑）を通じて次のように伝えた。お前たちは守将のジュストに降伏して余の味方になるように説得せよ。人質になっているその妹と子の生命とわが領内にいる神父やキリシタンたちの生命とを引き換えにすると伝えよ。もしそれができないならば、余はすぐに高槻城の彼の目の前で一同を磔《はりつけ》にする。信長のこのような決意を聞いてキリシタン一同は大声をあげて泣いた。創造主の愛のために苦痛を受けることは彼らの望むところであったから、死を目前にしたために泣いたのではない。信長の切迫した事情と、右近が城を開け渡すことの困難な事情を知っていたために、まず十字架に架けられるのはわれわれであることを考えたためである。

もし右近がその人質のために信長の要求に応じないならば、すべての神父たちを高槻城の前で磔刑《たくけい》に処し、すべての信者を殺し教会堂も破壊してしまうという信長のきびしい通達は、彼のきびしい気性を知るものには、決して単なる脅かしではないことを感じさせた。その反面、信長はもし右近がこの要求を入れて降伏するならば右近に摂津国の半分を与えよう、今後教会に対して、またその布教活動に対してあらゆる便宜をはかり保護を与えようと約束したのである。

飛驒守切腹を決意　いっぽう高槻城では、右近がオルガンチノをはじめ信者たちの上に迫っている危機を救うために降伏に傾いているのに対して、父の飛驒守は主戦派に同調し、どこまでも信長に抵抗する姿勢を示していた。オルガンチノは佐久間信盛、羽柴秀吉、松井友閑らといっしょに高槻城に入って右近に説得を続けた。『信長記』によれば、

信長公はいろいろ考えた末にバテレン（オルガンチノ）を召し寄せられて、高山に御忠節を尽させるように配慮して欲しい。もし成功すれば、バテレンの門家をどこに建ててもよろしい。しかし右近が承諾しないならば宗門を断絶させてしまうと仰せ出された。そこでバテレンはその命令に従い、佐久間右衛門（信盛）、羽柴筑前、宮内卿法印（松井友閑）、大津伝十郎と同道して高槻へ罷り越し、いろいろと右近を教えさとした。高山は人質をとられているという事情はあったが、小さい鳥を殺して大きい鳥を助け、仏法（キリシタンの教えを指している）の繁昌をはかるべきであると考えた上で、高槻の城を信長方に引き渡すことにした。

と記している。ところがフロイスの『日本史』の記事は、その間の事情を詳細に書いているにもかかわらず、日本側の史料と一致しない。オルガンチノはロレンソを伴って、信長の許に監禁されている信者たちを残して脱出し、ダリオ飛驒守を頼って避難してきたかのように見せかけて城に入り、父子の説得につとめた。しかし飛驒守はどこまでも村重への忠誠を主張してその勧告に応じなかった。村重は高山父子が信長方と交渉を続けていることを知って、降伏勧告に応ずるならば有岡城に囚われている人質を殺すと脅迫した。飛驒守は降服の決意を固めた右近と激しく対立し、もし城を開け渡すならば切腹する覚悟であるといった。キリシタンの教えではどのような事情があろうとも、創造主から

与えられた生命をみずから断《た》つ自殺行為は許されない。右近はそのことを憂慮して父を諌《いさ》めたが、飛驒守は、敬虔な信者であったにもかかわらず、自害をしても天国に入ることはできると主張して譲らなかった。彼は長い年月敬虔な信者としてデウスに奉仕し、教会の布教事業の発展のために力を尽してきた。その勧誘によって入信した大名や武将たちも少なくなかった。いま武士の名誉を全うするために自害することは結果として危機に臨んでいる京都の教会と信者とを救うことになる。たとえそのことが戒律に背く行為であったとしても、デウスはその功績に免じて彼を宥し、天国に導き給うにちがいない。それが窮地に追いつめられた飛驒守の論理であった。彼はデウスが日本の神々や仏とちがって冷酷であり、人間的な愛情を超越した存在であることを忘れていたのであろう。右近はきわめて苦しい立場に追いこまれた。彼は懊悩をかさねた末、オルガンチノらといっしょにひそかに城を出て大小を捨て、髻を切り鎧下に着けていた紙衣《かみこ》をまとっただけの姿になって信長の陣営に向かった。右近の堅い決意を知った飛驒守は城を捨てて有岡城に逃れた。こうして高槻城は信長の手に帰した。右近は余生を教会のために捧げる覚悟だったが、信長はそれを許さず、四万石を与えてふたたび高槻城の城主にした。

その後有岡城も、包囲攻撃に堪えかねた村重が尼ガ崎に退却したために信長の軍勢に開け渡された。捕えられていた人質も解放されて右近の手に戻った。謀反《むほん》に加担し最後まで降伏の勧告を受けいれなかったダリオ飛驒守を信長が許すはずはなかった。死罪に処せられるはずであったが、右近の忠節に免じてとくに宥され、越前北庄《きたのしょう》（福井）の柴田勝家に預けられることとなった。そのことは後に信仰がその地に伸びるきっかけとなったのである。

ウルガン伴天連

フロイス北庄訪問　天正九年（一五八一）の春、安土に来ていたフロイス神父はまだ雪の深い北国路を飛驒守を慰めるために北庄に向かった。飛驒守は妻と娘とともにせまい邸に住んでいたがそこには立派な祭壇が飾られて、まるで教会堂のようで、大勢の武士や民衆が説教を聴くために集まってきた。フロイスが飛驒守といっしょに城主柴田勝家を訪問した時、勝家は、領内で教えをひろめることは自由で入信を希望するものがあれば本人の意志に任せる、説教にも干渉を加えないから努力次第で教えはひろまるだろう、信者が殖えれば教会堂を建てるようになるだろう、といい、またこの町に教会堂があったら信者の数はずっと殖えるだろう。しかし神父や神弟が駐在しなければ、せっかく信者となっても長く続かないだろう。敷地として適当な地所があったならばそれを与え、面倒を見てやろうともいった。そしてもし教会堂が設けられ神父が駐在することになったら、旧知でもあり、また日本の風俗や言葉についてもよく知っているフロイス自身が当地に駐在することが望ましいと語った。もっとも勝家の意図はただキリシタンの教えにだけあったわけではないらしい。彼はポルトガル船が領内の港に来航することを希望して、もしそのために必要ならばポルトガル人に一五〇貫から二〇〇貫目ぐらいの金子を貸してもよいといった。これに対して飛騨守は、領内の港まで来るには途中の航海が困難だろう。またどの港に来航するかはポルトガルの商人たちが決めることで神父たちにはそれを左右する力はないと答えた。その領内の港にポルトガル船を誘致したいという勝家の要望は、応永年間に南蛮船が——スマトラのパレンバンにあった王国から派遣された船だが——若狭の小浜に来航した例もあり、必ずしも夢とはいえなかったかも知れない。

飛騨守は教会堂を建てるために、その邸の近くにひろい地所を自費で買入れていた。彼はこの地方の教化のために余生を捧げる決意を固めていたので、もし信長が彼を赦《ゆる》して高槻に戻ることを認めても、妻と娘だけを帰らせ、自分は死ぬまでこの地に留まる心算だとフロイスにその心境を明らかにした。

信長の信頼を受けて改めて高槻城主となった右近は以前にもまして家臣や武士、領民の改宗に努めた。そして領内にある神社や仏寺をつぎつぎに壊して教会堂を建てた。僧たちの間にはこのような政策に反対するものもあったが、信長自身が教会に保護を与えているため訴え出ることも憚られた。そこで山伏たちに頼んで堺に近い山の中に——おそらく大峰山であろう——毎年きまって行われる彼らの集まりの時、右近の名前を附けた呪詛の人形を逆さに吊し、それに何本かの釘を打ちこみその死を祈らせたという話も伝えられている。

天正九年（一五八一）に巡察師アレッサンドロ・バリニアニ神父がこの地を訪れた頃には領民二万五〇〇〇人のうち信者の数は一万八〇〇〇人に及び、教会堂は二十余カ所を数えた。

天狗に似た伴天連　キリシタン・バテレンという言葉は今日でもよく時代物の小説や映画に使われよく知られているが、バテレンとはパードレすなわち神父、師父のことを漢字で伴天連と書いたところから生まれた言葉である。永禄三年（一五六〇）将軍義昭がビレラに与えた禁制には「幾利紫丹国僧波阿伝連」と書かれているし、当時の日記や古文書などにも万天連、伴天連と記したものがある。ところで寛永十六年に書かれ、寛文五年に翻刻された『吉利支丹退治物語』という本がある。鎖国の時代にはいってから、キリシタンが怖ろしい邪教であるということを説くために、その伝来から島原の乱までのいきさつを興味深く書いた読物である。その中に次のような一節がある。

　後奈良天皇の代、弘治年間に南蛮の船で、人間の形に似てはいるが天狗とも見越入道とも名のつけられないものが一人渡ってきた。よくよく尋ね聞いたところが伴天連というものであった。鼻はいぼのないさざえのようで、眼鏡を二つならべたような大きな目をしている。眼の中は黄色で頭は小さく、手足の爪は長く丈《たけ》の高さは七尺あまり、色は黒く鼻は赤く頭の毛はねずみ色で、額の上に杯を伏せたほどの月代《さかやき》を剃り、まるで梟《ふくろう》のような声で、いうことはさっぱりわからない。人びとが雑踏して見物に出た。その名を宇留合無《うるがん》伴天連という。

そして摂津の高山飛騨守、同右近大夫が尊崇してその宗旨にはいったこと、安土の信長が召し寄せたところ、その礼として進物に、鉄砲十挺、円金の眼鏡、蚊帳、猩々緋の巻物、薬物、野牛、羊、唐犬などを贈ったので、信長はたいそう喜んで、御屋敷を下され、おびただしき寺を建てたこと。またその後になってケリゴリ、ヤリイス伴天連というものが渡ってきた。日本の通詞ロレンスは肥前の国のもの、またガウズモ、シモンという堺のものどもが代る代る談義を行ったが、これは伊留慢と名附けているというなどと続いている。なお伊留慢、伊留満というのはイルマンすなわち神弟のことである。

もとよりとるに足らない作り話ではあるが、ただその中で伴天連の名前のウルガンというのはオルガンチノ、ケリゴリは秀吉の時代に活躍するグレゴリオ・デ・セスペデス、ヤリイスはルイス・フロイス、またロレンスはロレンソのことを指していると思われる。そしてウルガン伴天連すなわちオルガンチノが信長から安土城下に屋敷を貰ったという点は史実と一致している。

地球儀を見る信長　信長は高山右近を説得し降伏させるためにオルガンチノに与えた約束を守って、教会の布教事業にいっそうの保護を与えた。そして改めて朱印状を下附した。それには「常にキリスト教を庇護することを約し、また両国の内に二つの市を選定し、その中に居住し、また居住することを望むキリシタン一同に一切の税を免除する」と書いてあったという。二つの市とは京都と安土のことで、そこでは信者たちに一切の課役を免除するという趣旨のものであったと思われる。オルガンチノたちが伺候するといつも、仏僧たちの場合とは格段のもてなしをするので、周囲の人びとはただ驚くばかりだった。ある日オルガンチノはロレンソといっしょに信長に招かれた。謁見の間には大名たちが居並んでいたが、信長は神父たちとの会話を広間の外に控えている武士たちにも聞かせるために襖を開かせた。そして地球儀を前に運ばせた上で、二人にいろいろな質問を浴びせた。そして、よく解った。神父の知識は坊主の知識と大いに異なるところがあると賞讃した。しかしそれは天体の運行や世界の地理など科学的な問題についてであって、宗教的な問題、信仰の問題となると別だった。信長にとっては神父の説くデウスや霊魂の存在は疑わしいものと思われた。信長は仏僧たちの説く仏の世界や来世のことなど一切信じなかった。死んで肉体が滅びてしまえばすべては無に帰してしまうと信じていた。そこで神父に対しても、その説くところと深く胸の中に隠しているところとは違っているのではないか。一般の説教では、天国があってそこに救われると説いているものの、その教えの道に深く入ったものに対しては、実は民衆を、罪を犯さないように正しく導く手段としてそのように説いているだけで、本当はこの世の中には来世も天国もないといい聞かせているのだろう、といった。こうした疑問に対して二人はどのような説明をしたのだろうか。明らかでない。

オルガンチノが信長の要請にこたえて地球儀を指して、ヨーロッパから日本まで来る行程を説明すると、信長はこのような大旅行はよほど大きな勇気と強い意志がなければ実行できない、といったあと、二人に向かって、これほど多くの危険を冒してまで日本にやってきたのは、泥棒のように何かを手に入れたいためなのか、それともキリシタンの教えを説いてひろくひろめることが大事だという理由なのか、といって笑った。そこで今度はロレンソが答えて、神父たちは実は泥棒なのです。悪魔に囚えられている日本人の魂と心を奪いとって天地の創造主の手に渡すためにはるばる来ているのです、と巧みな比喩の言葉を述べた。

対談はおよそ三時間も続いた。二人が辞去する時に信長は、ぜひまた来て話して欲しい。また京都の教会堂は立派にできていると評判になっているが、一度訪ねて見たいものだ、といった。

安土に住院を建設　安土城は天正四年（一五七六）の正月に着工してから四年がかりの大工事を終えてようやく完成したばかりだった。安土山上に聳え立つ壮麗な七層の天守閣は新しい時代の到来を告げていた。城に近い山麓には家臣をはじめ大名たちの邸が建ちならんでいたが、それぞれの邸は石垣をめぐらしその上に胸壁を設けてまるで小さな砦のようだった。入江を隔てて城下町がひろがっていた。商人や職人を各地から移住させて、新たに作った町で、街路も広く整然としていた。

オルガンチノはかねてこの安土に教会堂と住院とを建てることを希望していた。そして城の縦覧を許された機会を利用して信長にこのことを請願して許された。許されたとはいえ肝心なのは場所をどこに選ぶかということである。城に近い大名の邸の建ちならぶ中に建てることは、大名たちに接近し教えをひろめるためにも、また信長の特別の庇護をひろく諸国に示すためにも望ましいが、そこでは広い地所を得ることはむずかしいし、それらの邸に匹敵するような立派な建物を建てなければならない、といって城下町の中に建てれば町民の布教には便利だが、大名たちに近づく機会は少なくなってしまう。オルガンチノは当惑していたが、信長はその問題を簡単に解決した。山麓と城下町との間を隔てていた入江の一部を、多数の人夫を動員し、三週間ほどの工事で埋立ててしまったのである。城の入口に近いこの埋立地に地所が与えられたので、高山右近をはじめ信者の大名や武将たちも一般の信者たちもこぞってその建築工事に協力することを申し出た。ことに右近は一五〇〇人の人夫を提供した。このころオルガンチノは、天正七年（一五七九）に来日し、新たに教育制度の確立を計画した巡察師のアレッサンドロ・バリニアニ神父から京都地方にセミナリオを設置することを命ぜられ、それを京都に建てようとしてたくさんの材木を手に入れ、すぐにも組立てられるばかりに加工を終えたところであった。それをそのまま安土に運んだので、工事は予想外に速く進み、およそ一カ月後には三階建の立派な住院が完成した。階上には三四の座敷があり、ことに最上階は広間になっている。この広間は後日セミナリオの少年たちのために使われることになった。また屋根に葺《ふ》く瓦について信長は特に安土城で用いたのと同じものを使うことを許した。この瓦は一観という中国の工人の指導で奈良の職人たちに焼かせた中国風のもので、安土城の場合は金色に輝く貼金瓦だったが、住院の場合は金を使うことは許されなかった。

信長はさっそくこの新築の住院を見にきて満足の意を示し、なお地所が狭すぎるのではないかといって附近に新築されたばかりの住宅四、五軒があったのを取壊しを命じ、その地所を教会用として与えた。異国的雰囲気の漂うこの住院は大名や武将たちの関心をひき、見物に来る大身たちは跡を断たなかった。それは教えを説き信仰をひろめるよい機会だった。中には説教に耳を傾け、やがて信仰の道に入った人びともあった。

オルガンチノは住院に隣接したこの地所に京都のものよりもはるかに立派な教会堂を建てることを計画して、その用材を買い集めたが、やがて起こった本能寺の変のために、ついに実現を見なかった。

汝姦淫するなかれ　信長の子の信忠も父に劣らず教会に好意を示し、岐阜の城下に住院と教会堂を建てることをオルガンチノに勧め、その敷地として広い地所を与えた。

なお信忠はキリシタンの信仰を大身の間にいっそうひろめるためには第六戒「汝姦淫するなかれ」という戒律をあまりきびしくしないほうがいいのではないかという意見をもっていた。そしてある時一人の神弟《イルマン》に向かって、この戒律をきびしく守らせようとすればかえって入信を妨げることになる。それよりもむしろそれを免除して数多くの人びとを信者にしたほうが得策ではないか、もしそれが許されるならば彼はすぐにでも入信するだろう、と主張した。たしかに放縦な生活にふけっていた大名や武将たちにとって、たとえ信仰に心をひかれたとしても正妻以外の女性とは一切関係をもつことができないと定めたこの戒律は、入信を決意するためには大きな障害となったに相違ない。信忠以外にも同じ意見をもつ大身は少なくなかった。のちのことになるが豊臣秀吉も大坂の教会堂である神父に向かって、もし数多くの妻をもつことを許さないという掟だけを免除してもらえるならば、喜んでキリシタンになろうと語ったということである。このような意見に対して、宣教師は常にこれらの掟はすべて全能のデウスから与えられたもので、人間が定めたものではない。もし坊主が作ったような掟ならば、その教えをひろめるためには、この掟でも貴方がたが望むとおりに免除することもできるだろう。しかし創造主デウスが人間に対して与えられたきびしい掟である以上、希望によってそれを免除したりゆるやかにしたりすることはできない、と答えて納得させたのである。ところで信長父子の教会に対するこのような好意ある態度はたちまち世上の噂の種となり、信長が近くキリシタンになるだろうとか、信忠はすでに洗礼を受けたとかいう風評が各地にひろまり九州にまで伝わっていった。そのことは教勢の拡大に大いに役立ち、教会は明るい将来の展望に大きな期待をかけたのである。

教会領長崎

有馬鎮純入信決意　サビエルについで東洋の布教史に大きな足跡を残したアレッサンドロ・バリニアニ神父が巡察師として日本の布教事情を視察するためにポルトガル船で肥前口ノ津に着いたのは天正七年（一五七九）七月のことであった。このころ有馬の領主は有馬義貞の子でわずか一八歳の鎮純（鎮貴、晴信）だった。大村純忠の兄に当る義貞はかねて弟から入信を勧められていたが、領内に動揺が起ることを惧れてなかなかその心を動かさなかった。ところが信者である純忠がしばしば身辺の危険にさらされながらいつも脱出して無事にその勢力を保ち領国の安泰と発展を続けていることを知って、それがデウスの加護によるものだという純忠や宣教師たちの言葉に感動を覚えるようになった。天正三年（一五七五）豊後の大友義鎮の次男親家が洗礼を受けたという情報が伝えられたが、九州随一の名門であり声望の高い大友家がこれほどまでにキリシタンに傾倒しているという現実が義貞の決意をうながし、その翌年の春、彼は一族、家臣たちといっしょにクエリヨから洗礼を受けた。霊名はアンドレという。

ところがその年の暮に義貞は世を去り、次男の鎮純（のちに晴信と名を改める）が跡を嗣いだ。鎮純には兄がいたのだが早世したためである。

バリニアニが口ノ津に着いたころ、有馬の領内にはキリシタンに反対する勢力がはびこり、信者たちは迫害を受け、棄教を強いられて転宗したものも少なくなかった。年若い鎮純は領主といっても名ばかりで、叔父や重臣、仏僧たちの意志が政治を動かしていたのである。バリニアニを親しく迎えた鎮純は入信の希望を示し、信者たちを保護することを約束した。彼が洗礼を受けようとした時、突然領内に叛乱が起こった。それは日を追って拡大し、やがてその領土をすべて失ってしまうばかりの危機が彼の上に迫った。領内に侵攻して来た龍造寺軍の勢力に脅えていた部将たちの中には、鎮純がキリシタンになる決心を固めたことに不満をもつものが少なくなかった。領主が入信し信仰が弘まると、その国には必ず戦乱が起こり、国が亡びてしまうという風説が流布していたからである。龍造寺軍の巧みな勧告と買収によってその守城を明け渡すものも殖え、戦況は日増に悪化していった。窮地に追いこまれた鎮純は教会の支援を求め、また大村純忠と手を結ぶ以外に道はないと考え、すぐにも洗礼を受けたいとバリニアニに懇望した。神父は城に入って鎮純をはじめ兄弟や一族、家臣たちに入信に先立って行う説教をし、洗礼を授ける日を定め、必要な品々を用意した。ところがその時思いがけない事態が起こった。フロイスは『日本史』の中で次のように書いている。

定められた日の二、三日前になって一部のキリスト教徒たちは神父に、有馬殿（鎮純）がその邸内に領内第一の貴族の娘を公然と置いていることは衆知の事実で、日本の風習によってそれを異例のことでもなく恥辱とも思っていないと告げた。そこで神父は有馬殿にそれが許されない行為であることを報らせたところ、彼はその事実を率直に認め、自分もその娘もどちらも未婚であり、二人ともこうした関係に満足しているし、娘の母親もよろこんで娘を自分にまかせている。説教で十戒について聴いたところによれば、デウスの掟にもただ一人の女性をもつことは許されている。従ってこのことが洗礼を受けるための障害になるとは納得がいかないといった。

これは重大な問題だった。バリニアニは手を尽して説得したが、鎮純は容易に聴き入れなかった。そこで洗礼を行わず口ノ津へ戻ってしまうそぶりを示したため、彼もあわてて態度を改め、彼女との関係を断つことを誓った。バリニアニはそこで改めてデウスの掟について説明し、もし彼の望むままにその女性との関係を特別に容認するならば、一旦禁じられていると教えた以上、かえって彼を欺くことになる。また自分は彼が洗礼を受けることを大いに望んでいるにもかかわらず、そのことが受洗の障害になるのだと諭した。鎮純はようやく納得したのだが、彼と別れてその邸を去るように強いられた娘はそれを拒んだ。

有馬殿は翌日それを実行すると約束したが、実行されず二、三日が過ぎた。それは娘が彼の邸から出ることを望まず、落涙と哀願で拒み続け、無理に追出すならば自殺してしまうとまでいい出したからである。その母も娘といっしょに他の家に移ることを望まなかったし、他の貴族の女性たちもあまり馴染《なじみ》のないこの娘を引取ろうとしなかった。こうして殿は、どうしようもないといって大いに悩み心を痛めるばかりだった。

バリニアニは彼がはっきりした態度をとらなければ退去すると強く主張した。決断を迫られた鎮純は、ようやくある家臣の許に娘を引取らせることにして約束を果した。そしてバリニアニの許に使いを送って、そのことを伝え、自分が間違っていたために迷惑をかけたことを詫びた。彼はさらに、もし神父をだますつもりならば、洗礼を受けるまで一旦その娘に邸を離れさせ、後日戻らせることもできたのだが、そのようなことはしたくなかった。ただ彼女を側に置いておくことを許してもらえるのではないかと思っていたので、できるかぎりのことをしたまでである。けれどもそれは到底許されることではないので、ふたたび会わないと心に決めて彼女を見捨てることにしたと附け加えた。

事の成行に一喜一憂していた信者たちもようやく安堵の胸を撫でおろした。鎮純の固い決意を知ったバリニアニは次の日に洗礼の儀式を行い、彼にプロタシオの霊名を与えた。天正八年（一五八〇）

の春のことである。兄弟や家臣たちも同時に洗礼を受けたが、敵の包囲にさらされていたあちこちの城でも、このことを聞き伝えて入信を希望するものが続出し、バリニアニがこの地方に滞在していた間に洗礼を授けた数は四〇〇〇人を超した。

戦争はおよそ五カ月も続いていた。戦争が起こると城下の人びとは妻子を連れて城内に逃げこむのが常だったが、このことは敵の包囲が長びくと城内の食糧を欠乏させる原因となった。さらに避難民たちが城内に作るたくさんの仮小屋は火災を起こしやすく、城の建物まで類焼することが多かった。こうして三つの城が敵の包囲する中で焼け、有馬の本城もまた同じ災害に見舞われた。バリニアニはこれらの城の危急を救い、食糧の不足に苦しむ多くの人びとを助けるため、多量の食糧を買入れさせ、金子《きんす》を添えてこれらの城に送り届けた。また口ノ津でも貧しい人びとを助けるために力を尽した。バリニアニはこの年鎮純をポルトガル貿易の利益によって入信に誘うために、マカオの富商の一人がみずからカピタンとなって来航したジャンク船を誘導し口ノ津に入港させていた（公の定期船は例年のとおり長崎港に碇を降していた）。このカピタンはバリニアニの命を受け、資金を投じて食糧の調達に当り、またこれらの城の防備を強化するために、船に積んであった鉛や硝石を陸揚げして送り届けた。弾丸に使う鉛や火薬の材料である硝石は大名たちが競って入手を希望していた商品であった。そのころ豊前方面に叛乱が起こり、龍造寺はその軍勢を移動する必要上有馬領から撤退した。そのため長く続いた戦乱はおさまり、領内に一時の平和が戻った。鎮純はバリニアニが三カ月有馬に滞在していた間に、領内にあった四〇を超える大小の神社や仏寺をすべて破壊した。こうして領内の信者の数は二万人を超え、キリシタンの信仰は深く根をおろすこととなったのである。

長崎教会領となる　バリニアニが鎮純に格別の援助を与えたことを知った大村純忠は、ポルトガル貿易の港を長崎から口ノ津へ移すのではないかと懸念した。また龍造寺氏がかねてから長崎を手に入れることを望んでいるので、やがて強圧的な態度でこの港を引渡すよう要求してくるだろうという危惧もあった。そこで純忠はバリニアニに対してこの港と隣接した茂木の地とをイエズス会に寄進することを申し出た。ただポルトガル船の入港税だけはこれまでどおり純忠が収納するという条件である。その譲渡書の文面は次のようなものであった。

大村の領主ドン・バルトロメが茂木及び長崎両所を譲与した覚書の大略

大村の領主ドン・バルトロメ及びその子サンチョ。コンパニア（イエズス会）の神父たちに負う数々のことを顧みて、余は同コンパニア及びその巡察師に対して、長崎というところ及びその領内の田畑をのこらず同コンパニアとその巡察師に永久譲渡し、これからその所有権を渡す。同コンパニアの神父たちはその欲するままにいかなる者をも同所の奉行に任命し、あるいは解任することができる。彼らが任命した者に死刑を下す権利、また同所をよく支配し、立法の違反者を罰するために必要な支配権を与える。その上ポルトガル人が入港している間、その碇泊料を与える。但しこの船と当港に入るすべての他の船の貿易税は余に払うべきである。余はその税をわが役人を通して納めるが、この役人は当所の司法や行政には干渉することが許されない。なお右と同様に茂木とその領内にあるすべての田畑をも永久に神父たちに与える。以上の譲与が決して変更されず永久に有効であらんために、余はこの書類を作製し、自らもまたサンチョもこれに署名する。

天正八年四月二十七日

ドン・バルトロメ
ドン・サンチョ

（チースリク師編『聖地長崎』による）

長崎を教会領としておけば龍造寺から狙われる心配はなくなるし、またポルトガル貿易の港が口ノ津へ移されることもない。しかも名義上は教会領となってもポルトガル船の入港税は彼の収入となる。それが純忠の打算であった。バリニアニは他の神父たちと協議を重ねた結果、この長崎の地をポルトガル貿易の港としてばかりでなく、各地方で迫害を受けている信者たちの安住の地とするためにも、その寄進を受けるべきだという意見がまとまった。こうして教会領となった長崎は、戦争や叛乱にわずらわされることなくキリシタンの町として繁栄の一途をたどった。

やがて天正十一年（一五八三）から翌年にかけて薩摩の島津氏の支援を得て龍造寺隆信の軍勢と戦闘を交えた鎮純は、デウスの加護を祈り戦勝を得た暁には雲仙にある仏寺の領地をイエズス会に献納することを誓約した。この戦闘で隆信は戦死し、龍造寺軍は潰滅した。教会が雲仙の寺領を希望しなかったため、鎮純は代りとして長崎に隣接した浦上の領地を寄進することにした。この土地の住民はすべて信者だったので、教会領の長崎はこの土地を併せることによっていっそうの発展を示すことになったが、その繁栄も長くは続かなかった。天正十五年（一五八七）に九州を平定した豊臣秀吉がこの港を教会の手から没収して直轄領としてしまったからである。

安土のセミナリオ

バリニアニの改革　信長の保護によって布教事業の発展が大いに期待されるようになったことを知ったバリニアニはそれに応ずるために新しい布教計画を樹てた。その一つは全国を都《みやこ》（京都）、豊後、下《しも》（長崎を中心とする地区）の三布教区に分けたことである。それぞれの布教区の主な土地には住院を設けて、イエズス会士を駐在させることとなった。次に教育機関を整備したことで、まず安土と有馬にセミナリオを、豊後の府内にコレジオが開設された。これは新しいイエズス会士を養成するための機関である。さらに会員を志望するものの修練のためのノビシアドが臼杵に設けられた。そのころ日本人のイエズス会士はロレンソのほか二人に過ぎず、バリニアニはもっと多くの日本人を養成して入会させ、宣教師の不足を補うべきであるという考えをもっていた。日本の布教長であったフランシスコ・カブラル――眼鏡をかけ、岐阜城に信長を訪れた神父――はこの意見に反対だったため退けられ、ガスパル・クエリヨがこれに代った。そして天正九年（一五八一）日本伝道区が副管区に昇格された時、彼は最初の副管区長となったのである。

天正八年の秋バリニアニは豊後の臼杵に大友義鎮を訪れたあと、京都への旅に上った。堺に上陸してから、信者の大名や武将をはじめ数多くのキリシタンの歓迎の中を高槻に向かったが、オルガンチノ神父はセミナリオの生徒たちと三箇まで出迎えた。高槻ではバリニアニを迎えて聖週の行事が行われたが、ことに復活祭の行列には各地から集まってきた一万五〇〇〇人を超える信者が参加した。身分の高い人びとも多かった。バリニアニに随行したフロイスは、「これまで私が日本で見た中で最も盛大でまたよくととのった行進であった」と述べている。バリニアニが京都にはいった時、信長は教会堂に近い寺院――本能寺であろう――に滞在していた。そこでさっそく鍍金の燭台と緋のビロード一反、切子《きりこ》のガラス器を進物として用意して訪問した。オルガンチノとフロイスが随行した。信長ははじめて会ったバリニアニがあまり丈が高いのにびっくりした様子だった。いろいろ話は尽きなかったが、バリニアニが旅の疲れで気分がすぐれないのを心配して、信長はこんな薬が効くのではないかなどといった。

バリニアニの一行に一人の黒人が従者として加わっていたことは、到るところで評判になったが、京都でもその珍らしい黒人を一目見ようと大勢の群衆が教会堂の前に殺到し怪我人まで出る騒ぎだった。信長もその噂を耳にしてぜひ見たいということだったので、オルガンチノが信長の許にその男を連れていった。信長にはその肌の色がもともと黒いということが信じられなかった。そこで上体を裸にして水で洗わせたが、洗えば洗うほど黒光りがしてまるで黒漆を塗ったようになってしまったということである。この黒人は信長の要請によって献納され、その従者の一人に加えられた。

信長住院を訪れる　信長はそのころ京都に大身たちを集めて盛大で華麗な馬揃すなわち調馬大会を催す準備をととのえていた。その当日競技場には天皇をはじめ公卿たちも招待されていた。たくさんの見物人が女性は西側、男性は東側の棧敷に別れて席をとり、華やかな衣裳をつけた八〇〇人にも及ぶ騎馬の武士たちが、つぎつぎに繰りひろげる豪快な競技を見守っていた。バリニアニをはじめ神父たちにも特別の観覧席が用意された。信長は入場する時に、バリニアニから寄贈された、金の飾りのついたビロード張りの椅子を四人の武士にになわせ、後に続かせた。そしてみずからも巧みな馬技を披露し、たびたび馬をとりかえ、馬から降りて髪につけた飾りを改める時には、その椅子に腰をおろした。このことは信長がバリニアニに対する親愛の情を公に示したものとして、教会関係者や信者たちを喜ばせたが、この噂はたちまちひろまり、全国に伝わっていった。なおこの椅子は日本でははじめて見る珍らしい豪華なもので、バリニアニが日本に渡る時にマカオのあるポルトガル人から贈られたものであった。

その後バリニアニは安土に行き、信長をその城に訪れた。住院にはすでにセミナリオが設けられ、各地から勉学のために集まった武士の少年が二十五、六人滞在していた。セミナリオは上層階級の子弟に宗教教育とともに科学や語学、論理学、音楽、美術などの中等教育を施し、将来聖職者となるように養成する学校である。バリニアニは有馬のセミナリオに与えたのと同じ注意や規則、時間割を与えた。はじめてこのセミナリオが設けられた時、生徒を集めるのがむずかしかった。わが国にはそれまでこのような学校がなかったからで、武将たちはその息子を手放すことをためらった。少年たちも自由を奪われることをきらい、またセミナリオに入るためには髷を切らなければならないという規則が武士として堪えられなかったのである。その時高山右近は城内から八人の少年を選んで安土に送り、セミナリオで学ぶ決心を固めさせ、両親にはそれがデウスに対する奉仕であることを説いて納得させ、さらに少年たちに扶持米《ふちまい》として毎年百俵の米を給附することにした。こうした右近の尽力によってその後入学を希望するものが次第に殖えるようになったのである。ある日信長が突然この住院に姿を現わしたことがあった。従者たちを階下に留めて、神父たちの案内で三階の広間まで登り、親しく言葉を交したり、備えつけてあった時計を見たり、クラボとビオラを演奏させてひとときを過ごした。セミナリオの少年たちは学課としてこれらの器楽の演奏を習得していたのである。この時クラボを弾奏したのは日向の伊東義益の子義勝だった。義勝は薩摩の島津氏のためにその国を追われた両親に従って大友義鎮の許に身を寄せていたが、天正八年（一五八〇）洗礼を受けジェロニモの霊名を受けた。そして遠く安土まで来てセミナリオに学んでいたのであった。

7　服従の使節

ローマへの旅

遣使の計画と理由　バリニアニは日本を去るに当って、九州の三人のキリシタン大名の代理を使節としてローマまで連れて行って教皇の足許に跪かせようという大きな計画を樹てた。それは日本の諸王国の中でキリストの信仰に入った国の王が、教皇に対して恭順を示すための「服従の使節」にほかならなかった。もしそれが実現できれば、見通しの明るい日本の布教の将来のために役立つところがきわめて大きいし、また教皇をはじめヨーロッパの国々が、三〇年にわたるイエズス会の日本布教の大きな成果に注目し、ヨーロッパにおける同会の声価がいっそう高まる結果となることが期待されたからである。

そのころの日本人はほとんど海外に出ることがなかったから、世界の広さを理解することができなかった。観念的には日本の他に唐《から》、天竺（インド）があり、それを三国と呼び、それが世界であると考えていたに過ぎない。従って宣教師たちが、世界の広さを説明し、ヨーロッパの国々の繁栄やその高い文化、諸都市の偉容、ことに華やかなローマの教皇の宮殿や多くの寺院の華麗な姿、教皇の威厳とローマ教会の大きな勢力などについて話しても、日本が世界のどの国よりも優れているという先入観をいだいているために、なかなか信用しなかった。こうした偏見を打破するためには、数人の日本人がヨーロッパまで旅行し、各地を視察し、見学して、帰国後にその体験や印象を同胞に話して聞かせることがなによりの証言になる。それは同時にキリスト教に対する一般の誤解や疑惑を一掃するのにも役立つにちがいない。これが使節派遣の第一の理由であった。

いっぽうヨーロッパでも日本についての認識は乏しかった。イエズス会士はこれまでも日本の事情や日本人のすぐれた性質、高い教養と文化などについて報告をかさね、日本人を教化することがきわめて重要な意義をもっていることを訴えてきたが、ヨーロッパでは、一般に日本は東洋の未開の国々の一つに過ぎないと考えられていたため、それをイエズス会士の誇大な宣伝と受取る傾向が強かった。そこで武士としての礼節と教養を身につけた少年たちを使節として教皇の許に連れて行くことによって、教皇をはじめヨーロッパの人びとは彼らを日本人を代表するものとして評価し、日本や日本人についてのイエズス会士の報告が正しいことを知り、その布教事業にいっそうの理解を示すようになるにちがいない。そのことは同時に、布教事業のめざましい進展を前にして経済的危機にのぞんでいる日本の教会の経営を建て直す機会となるだろう。

このころ全国各地に設けられた教会堂の数は大小合わせて二〇〇カ所、神父、神弟は七五人、信者の数は都区が二万五〇〇〇人、豊後区一万人、そして下《しも》区すなわち有馬、大村、平戸、天草から五島にかけては一一万五〇〇〇人に上っていた。また安土と有馬のセミナリオには五〇人の学生が集まっていたし、府内のコレジオと臼杵のノビシアドにも三〇人近い学生が収容されていた。教会としてはこれらの教会堂を維持し、また数多くの聖職者や奉仕者、学生たちの生活を扶持して行かなければならなかった。そのための資金として、教会はマカオ市の貿易組合が派遣するポルトガル船の生糸貿易の収益の一部を財源にあてることを認められていた。しかしその来航は時に中止されることもあり、また船も小さく渡航の途中で難破したり沈没してしまったりすることもあった。そんな時には大きな打撃を受け、そのためやむを得ず事業を縮小したり、計画を中止したり、雇傭者を解職したりする場合もあった。バリニアニはこうした日本の布教事業の行きづまりを、この機会に教皇に訴えて特別の配慮を求め、援助を請おうとしたのである。

使節として四人の少年が選ばれた。大友義鎮の名代《みようだい》となった伊東マンショは、義鎮の甥に当る伊東祐青の子祐益であろうと推定されている。同じ伊東一族の義益の子ジェロニモ義勝がはじめ候補に上ったのだが、ちょうどそのころ義勝は安土のセミナリオに在学していたため、船の出航までに呼び戻すことができないため、従兄弟のマンショがその代わりを勤めることになった。マンショとならんで正使となった千々石ミゲルは大村純忠の弟の千々石直員《なおかず》の子で、有馬鎮純にとっては従兄弟に当る少年だった。ほかの二人はともに純忠の周辺から選ばれたので、原マルチノはその姻戚に当り、中浦ジュリアンは波佐見城主の息子だった。ジュリアンはこの時一四歳、他の三人はいずれも一三歳だった。この四人の少年のほかに日本人の神弟ジョルジ・ロヨラほか二人の青年が同行することになったが、ロヨラは少年たちを指導してセミナリオで受けた教育を旅行中にそのまま続けさせ、ことに国語の読み書きを教える、いわば付添い教師の任務を帯びていた。旅行先で少年たちの名で日本文の感謝状などを書いたのもこのロヨラだったと思われる。また少年たちの通訳と世話係の仕事を担当したディオゴ・メスキータは安土のセミナリオで教師を勤めていた神父である。

総勢九人からなるこの一行がポルトガル船に乗り込んで長崎の港を離れたのは天正十年（一五八二）一月末のことであった。信長が本能寺で不慮の最期をとげ、歴史の舞台が大きく転換することとなったのはそれから四カ月後の六月の初めで、バリニアニがえがいていた教会の明るい将来も暗雲におおわれるにいたった。

グレゴリオ十三世　一行はマカオからマラッカを経てポルトガルの東洋貿易と布教の根拠地であるインドのゴアに到着した。バリニアニはイエズス会の総長からインドの管区長としてこの地に留まることを命ぜられたため、ここで一行と別れた。その後一行はアフリカ大陸の南端喜望岬を廻ってポルトガルのリスボンに着き、スペインの首都マドリッドの王宮で、当時ポルトガル国王を兼ねていたフエリペ二世に謁した後、地中海を渡ってイタリアに入った。ローマに着いたのは、長崎出発からおよそ三年後のことである。教皇グレゴリオ十三世は、八三歳の老齢であったが、遠い日本からの使節の到着をことのほか喜び、特に公式謁見を賜わった。その日、ローマ全市が沸き立つ中を、枢機卿《すうきけい》、各国大使、教皇庁の職員、聖職者や儀杖兵、騎兵隊の盛大な行列が続き、中でも武士の盛装を着けた三人の使節の馬上の姿は注目の的となった（中浦ジュリアンは病気のためこの盛儀に参列できなかった）。

当日の行事や儀式について詳しく記した『儀典日誌』には、この晴れの日の使節たちの日本風の服装を次のように述べている。

使節の服装はローマでは未だかつて見たことのない異様なもので、その珍らしさに人びとは驚異の目を見はった。使節は各自ぴったり身についた臍のあたりまでの長さの、袖のついた外套を上に羽織り、上から下まで襞《ひだ》のついた長股引《ももひき》様のものを穿き、臍の辺でそれをきつく結んでいる。水夫の穿くズボンのようだが、それに比べるとはるかに長く、ゆるやかなものである。足に鞋を履いていることはわが国の風俗で見られるのと同じである。この服は繊細な絹糸で織りなされ、巧妙な技芸による絹製品で、いろいろな色糸で花鳥を表わしている。金糸で織り出された花の枝は生き生きとして巧妙を極め、このような見事な技芸はわが国では誰も想像することもできない。なお使節はいずれも彎曲した剣と小刀を腰に帯びていた。その形は古代人のものと似ているが、東洋人は今もこれを佩《お》び、使用しているのである。頭には美しい紋飾りの帽子を戴いているが、これもわが国で見られるものと同じである。

この武士の正式の衣裳は晴れの儀式などの時に着用するために用意していったもので、ふつうの時は目立たないようにイエズス会士の地味な服装をしていたのである。

三人の使節は教皇の足許に跪いて大友、大村、有馬三侯からの書翰を捧呈した。それから二週間後に教皇は逝去し、代ってシスト五世が選ばれてその座についた。その戴冠式に列した使節たちは、フランスやヴェネチアの大使とともに天蓋《てんがい》捧持の役をつとめ、また伊東マンショはミサの式の際新教皇の手に聖水を濺《そそ》ぐ役を命ぜられた。バリニアニはイエズス会の総長を通じて教皇に日本のセミナリオの維持費の援助を請願していたが、グレゴリオ十三世はそのため〔すでに一五八三年に〕二〇年間毎年四〇〇〇スクドを給与することを承認した。新しい教皇はさらに二〇〇〇スクドを増加して六〇〇〇スクドとした。こうしてバリニアニが心を痛めていた資金の問題は解決し、使節派遣の主要な目的は一応達成されたわけである。

使節たちはローマ市から市民権を贈られ、その後北イタリアの各地を巡り、到るところで歓迎を受けてリスボンに戻り、帰航の途についた。そして天正十五年（一五八七）の春にバリニアニの待つゴアに到着した。ちょうどそのころわが国では信長に代って天下統一に乗り出した秀吉が九州平定の作戦を展開していたのである。なお世界最強を誇っていたスペインの無敵艦隊がイギリス本土を襲って潰滅したのは翌一五八八年のことで、世界の歴史もこののち大きな転換を示すこととなった。

淀川べりの住院

騒乱の安土を脱出　明智光秀の叛乱によって信長が本能寺で最期をとげた時、高山右近は、毛利軍と対峙《たいじ》している秀吉を救援するため光秀の軍勢の先鋒として備中高松に向かっていた。高槻の城にはわずかの守備兵が残っていただけで、二人の子どもと留守を預っていた夫人は、城が占領され自分たちは人質にされるのではないかと心配したが、光秀は右近が必ず味方になるものと信じていたため、高槻には手を触れなかった。そして協力を求めたのだが、右近は応じなかった。そして光秀を討つために急遽毛利氏と和を結んで京都に向かって進撃する秀吉に随ったのである。なおこの時三箇島の領主白井サンシヨ――三箇殿と呼ばれていた――とその子マンシヨは光秀から莫大な金子と河内国半分とを約束されてその味方となった。ところが光秀が敗死したため、その城を棄てて逃れ、大和郡山の筒井順慶の許に身を寄せた。三箇島の教会堂もその時兵火にかかって灰と化してしまった。

本能寺の事件の情報はその日の昼ごろ安土に伝わり、市中は混乱に陥った。安土の住院にいたオルガンチノは危険を察してセミナリオの学生二八人を連れて船で沖ノ島に避難し、苦労を重ねてようやく京都の住院に落ちつくことができた。あとに留まった神弟たちも、やがて明智方の軍勢が侵入し、暴徒がこれに加わって掠奪、放火その他残虐の限りを尽したので、ついに住院を見捨てて辛うじて脱出した。

安土の住院とセミナリオはすべて新築したばかりで、一部建築中のところもあったが、兵士たちが侵入して掠奪をはじめ、神弟たちが都に逃れてきたあとさんざんの被害を受けた。住院は信長の城と宮殿の下にあって最も安全な場所と考えられていたので、この地方にあった教会の家財や装飾品の大部分はここに集められ、セミナリオの必要に応ずるため十分な物も備えつけてあった。

それがビロードの装飾と祭壇の銀器及び少数の書籍（これらは神弟たちが脱出の際身につけて運び出したものである）を除いては、すべて掠奪され、ただ家財が持ち出されたばかりでなく、窓の戸や部屋の内張り、新たに教会堂を建てるために買い集めておいた材木までも奪われた。残ったものは家の柱と瓦だけであった。

その被害の模様をフロイスはこのように報告している。

高槻のセミナリオ　右近は山崎の合戦に先陣をつとめ、また坂本城の攻撃にも参加し、さらに光秀の居城であった亀山城の攻略でも功績をあげた。光秀が小栗栖《おぐるす》であえない最期をとげ、秀吉が決定的な勝利を収めた後、清洲《きよす》会議の結果、右近はその功績によって能勢郡の内三〇〇〇石、江州《ごうしゅう》佐久間分の内一〇〇〇石を与えられた。その後秀吉の部将として賤《しず》ヶ岳合戦にも加わり、また天正十三年（一五八五）の根来征伐にも功を樹てた。こうして右近は大いに秀吉の信頼を受けるようになり、諸将の間でその地位を高めていった。

このころ高槻はこの地方のキリシタン信仰の中心地として栄えていた。安土のセミナリオが壊滅したため、学生たちは一旦京都に移っていたが、その住院は狭いため収容できず、セミナリオは高槻の住院に置かれることとなった。柴田勝家が滅びて北庄から戻ってきた飛驒守は、右近と協力して領内の教化に当った。武士や農民たちばかりでなく、これまで反対し続けてきた仏寺の僧たちも続々と入信するようになった。領内にあった神社や仏寺は取壊され、焼払われ、またあるものは改築されて教会堂に変った。たくさんの仏像が薪と化してしまった。

セミナリオにはおよそ三二人の学生が学んでいた。フロイスの報告によれば、その中の十二、三人は十七、八歳ですぐれた才能をもっていた。

ビセンテという四〇歳になる日本人神弟は言葉が巧みで、日本の諸宗派のことに精通した説教師である。このことは坊主その他異教徒の誤った意見を論破するために大事なことだが、彼はしばらく少年たちにこの問題について教え、わがカトリック教の道理を説いて聴かせた。少年たちは才智がすぐれているため、大いに進歩を示し、数カ月後には説教を始める力のある者が数人できたので、この基礎ができたことに少なからず満足している。またカトリック教義を根本から教えるので、ラテン語を学んでいる。彼らの大部分はヨーロッパの文字をよく書き、ヨーロッパの学校で少年が三年かかって学ぶところをわずか三、四カ月で習得する。昨年（一五八二）は身分の高い人の子どもが六、七人セミナリオに入学した。セミナリオの青年の中六、七人は特に進み、セミナリオの初穂として臼杵のノビシアドに送られることを希望している。

しかしこのようなキリシタンの繁栄も長くは続かなかった。天正十三年（一五八五）右近は転封を命ぜられ、播州明石に移ることとなったからである。

河内の教会堂移建　秀吉は天正十一年（一五八三）の秋から大坂に巨大な城を建築する工事をはじめた。城の周辺には大名たちの邸が建てられ、城下町は天王寺から住吉、堺にまでひろがっていた。

右近は秀吉に対して城下に教会堂を建てることを許して欲しいと申し出た。秀吉はすでに仏教の寺院を建てることを許しているので、いずれ信者たちのために教会堂を建てさせることも考えているにちがいない。その際京都の教会堂を移せとか、堺に新しく教会堂を建てるために地所の用意までしているのに、その計画を変更せよとかいい出すに相違ない。教会にとってそれは迷惑なことだが、秀吉の命令に背くわけにはいかない。それよりもまず許可を得て地所を手に入れ、そこに京畿地方で最も美しい教会堂といわれ、いまは異教徒の手にわたっている河内岡山の教会堂を移築することが望ましいと右近は考えたのであった。そのために要する経費はすべて自分が負担するつもりだった。

この岡山の教会堂は結城《ゆうき》山城守忠正の甥、ジョルジ結城弥平次が建てたもので、彼は若江城の池田丹後守に属して岡山城を守っていた甥の結城ジョアンの後見《こうけん》をしていた。彼は京都の教会堂の建設に当って多額の寄進をし、また多くの人夫を提供した功労者の一人であった。彼は全部金泥を施した小さなサイン・ブックを作り、フロイスに頼んで日本に来たすべての神父たちの手紙からサインの部分を切りとってもらい、一枚毎にそれを貼りつけて大事にしていた。それぞれのサインの下にはその神父が来航した年と何年在留したか、漢字で細かく記入してあった。サビエルのサインだけはどうしても手にはいらなかったので、フロイスは山口にいた時に発見した古いサビエルの手紙からそのサインを写しとって与えた。彼のいうところによれば、仏教徒はむかしの僧たちの書いた署名をきわめて珍重している。キリシタンの信者も福音をひろめた宣教師たちのサインを見ればきっと大喜びをするにちがいないとのことだった。秀吉は岡山城主だった彼の甥ジョアンを、三箇殿白井サンシヨが光秀に応じて追放された三箇島の城に移した。そのため岡山の教会堂は空屋となり、いずれ仏寺として流用される惧れがあったので、右近はそれを大坂に移すことを図ったのである。なお結城ジョアンはその後長久手の合戦で戦死してしまった。

大坂城を訪れたオルガンチノから教会堂建設の請願を受けた秀吉はすぐにそれを承認し、わざわざ城外に出て、適当と思われた地所まで行って測量をさせた。幅六〇ブラサ（約一二〇メートル）、奥行五〇ブラサの広い土地で、城に近く一方は淀川に臨み三方は切立っていて容易に登ることもできない、まるで砦のような場所だった。後日ここに住院ができたころ、大坂城の工事のために使う大きな石を運ぶ船が毎日一〇〇〇艘ほども川をのぼって行くのが住院から見えたということである。秀吉は地券を作らせてロレンソに渡したが、その時、このような広い地所を与えたのは、神父たちがたくさん樹木を植えることができるようにと考えたからであるといった。その後右近は岡山の教会堂を解体しその用材を運ぶことに専念し、およそ三カ月の後には完成した。右近はその傍に数軒の家を建て神父たちの住院に宛てた。そして降誕祭を祝うために各地から集まってきた多数の信者たちはこの新しい教会堂で最初のミサに列した。

黒田孝高らの入信　秀吉が信長の政策をついで教会を保護し、キリシタンに好意を示したことは、キリシタンの大名や武将をはじめ一般の信者たちを力づけたばかりでなく、すすんで教会堂を訪れ、説教を聴いて信仰の道に入る人びとの数も殖えた。右近の熱心な勧誘によって入信した大名や武将も少なくなかった。その中には牧村政治《まさはる》、蒲生氏郷、黒田孝高《よしたか》などの大身もあった。また右近はこのころアウグスチノ小西行長、その父ジョアキム隆佐《リユーサ》と親交を結ぶようになった。隆佐は堺の商人で、永禄四年（一五六一）京都で家族とともにビレラ神父によって洗礼を受けたといわれている。行長が武将として秀吉に重く用いられ、瀬戸内海の塩飽《しわく》、小豆島など一〇万石を領知するようになったために、隆佐もとり立てられて室津の奉行を経て堺の奉行になり、兼ねて大坂城内の財政を委ねられた。またその妻、すなわち行長の母マグダレナは秀吉の正室北政所《きたのまんどころ》に侍女として仕えることとなった。この女性についてフロイスは次のように書いている。

羽柴の宮殿の婦人の中に三、四人のキリシタンがいる。その一人は既に老いた身分の高い武士の妻で名をマグダレナといい、王妃の秘書であるが、他の二人よりも妃に親しまれている。彼女はデウスが城中に置き給うた一つの明星であり、その行動によって城中を照らしている。彼女は甚だ多忙であるにもかかわらず毎日三回数珠を繰り、筑前（羽柴）殿及び夫人の前でも少しも恥じることなく祈りをしている。そしてしばしば聖堂に来て懺悔をする。マグダレナには一人の娘があるが、筑前殿はこれを信じ、その金銀はすべて彼女の手を通り、収納も分配も彼女によるのである。この娘は徳においても母マグダレナに劣らない。その母がわれわれに語ったところによると、キリシタンに対するデウスの大いなる摂理が認められる驚くべきことがある。それは羽柴殿が彼女にもまた娘にも未だかつて手を触れたこともなく、また汚らわしい言葉を用いたこともない。彼は他の婦人たちに対しては戯れるのがふつうだということである。

そして城内で多くの女性たちを呼ぶのに、その本名で呼んではおかしいというので、秀吉はマグダレナの意見をとりいれて、一人ひとりにキリシタンの聖徒の名をつけて呼んだということである。マリアとかジュリアとかいうキリシタン風の名が気にいっていたのであろう。

なおこの時代の名医として名高い京都の曲無瀬《まなせ》道三が洗礼を受けたのもこのころのことである。道三は足利義輝をはじめ多くの公卿や大名たちに、そのすぐれた医術ばかりでなく博学の人として重んぜられていた人物で、当時七〇歳の老人であった。府内のコレジヨの院長をしていたベルショール・デ・フィゲイレド神父が重病にかかりその診察を受けるために上洛した際、肉体と霊魂のことについて語り合ったことから道三はキリストの教えに心をひかれ、ついにオルガンチノ神父から洗礼を受けベルショールという霊名を与えられた。この最高の学者が入信したことは、その教えに対する信用をいっそう高め、さらに多くの信者を獲得するのに役立った。信者たちの中には、「道三がキリシタンとなったことは一万人の改宗よりも大きな利益がある。また筑前殿（秀吉）がキリシタンとなったよりも効果がある。もし秀吉が入信したならば、仏僧や異教徒の学者たちはそれを嘲って筑前殿はもともと頭が悪いからだまされて信仰に入ったというにちがいない。しかし道三は大学者であるから、その教えの正しい道理に動かされて入信したと認めないわけにはいかないだろう」と批判し、高く評価するものもあった。

　道三の入信を知って大きな衝撃を受けた正親町《おおぎまち》天皇はさっそく使者を送って、キリシタンの教えは日本の神々を否定する教えで、神々のことを悪魔呼ばわりをしているので、必ず神神の怒りを招くにちがいない。道三ともあろうものがそのような邪悪な教えに惑わされることは心外である、と伝えさせた。道三はこれに答えてまだ入信してから日が浅いのでキリシタンの教えで、日本の神々を悪魔と呼ぶようなことは耳にしたことがない。神父たちも、日本の神々が天皇や貴族の先祖であり、また昔の英雄や偉人であることは知っているはずである。私の知るかぎりでは、キリシタンの教えは道徳と正義の教えである、といった。そのあとで道三は神父にこのことを伝えて、説教者たちが日本の神々を悪魔と呼ぶことは天皇や貴族たちのために差控えたほうがよい。キリシタンに反感をもつ大身たちを刺激し、その憎悪の念を高める惧れがあるので、神々のことは生命をもった人間として扱ったほうがよい。そしてその力や功徳は霊魂の救済にもまた現世のことにも役に立たない、と言葉をやわらげて説き、異教徒たちを怒らせないように配慮すべきであるといった。道三には門弟が八〇〇人ほどもあったが、その導きによって入信したものも少なくなかった。

8　九州平定の余波

黄金の寝台

明石に移った右近　天正十三年（一五八五）秀吉は右近を播磨の明石に移封した。この時高槻にあったセミナリオはとりあえず大坂に移されることになった。新たに右近を領主として迎えることを知った仏寺の僧たちは、高槻領の場合と同様に神社や仏寺がすべて破壊されるだろうと懸念し、領内の寺々にあった仏像をすべて集めて船に積んで大坂に運び、一同そろって大坂城に行き、秀吉の侍医でかねてキリシタンに反感と憎悪をいだいていた施薬院全宗（丹波宗伯）を通じて、秀吉の母の大政所《おおまんどころ》と北政所に嘆願書を提出した。その時秀吉は戦争のため三河に出かけて留守だったが、城に戻ってそのことを聞くと腹を立てて、明石は右近に与えた領地である。領主がどのようなことをしようと自由である。船に積んできた仏像に害を加えてはならないと自分から命ずるわけにはいかない。すでに運んできたからにはその仏像はすべて船から降ろして天王寺の古寺にもって行って薪にしてしまえ。僧たちは戻るがよいといった。こういわれた以上、大政所も北政所もとりなしもできず、結局その仏像は全部天王寺に運ばれ廃棄されてしまったということである。

天正十四年（一五八六）の正月に準管区長ガスパル・クエリヨは都の布教区を巡察するためフロイスをはじめ数名の神父、神弟を伴って長崎を出発したが、瀬戸内海の船旅の途中明石に立寄った。フロイスはその時見たこの地の様子を次のように書いている。

この港（室津）を出て明石に向かった。ジュスト右近殿の父であるダリヨと母マリア、及び右近殿に仕える貴族と身分ある者がこの地に住んでいる。わがイエズス会の二人の神父も同地にいてわれわれを出迎えた。明石の貴族たちは右近殿とともに大坂にいて関白殿の工事に従事していた。ダリヨは老人や子どもといっしょに海岸に出て大喜びでわれわれを迎え、それから一同そろって、ダリヨがそのころ建築中であった大きな新聖堂に行った。

その後クエリヨの一行は、教会堂の同宿やセミナリオの少年たちを連れて、大坂城に秀吉を訪れ、大いに歓待された。右近も同席した。秀吉はこの時クエリヨに向かって、全国を統一したのちに朝鮮と中国を征服するために渡航する決意を語った。その際には十分に艤装《ぎそう》した大型帆船二艘を調達して欲しい。もし中国が帰服したならば、これを支配下に置き、各地に教会堂を建て、すべてキリストの教えに入ることを命じよう。また日本の半分あるいは大部分をキリシタンにするつもりであると語った。フロイスはそのように報告しているが、同席していたオルガンチノがのちになって記しているところによると、この時、そばでオルガンチノや高山右近が気をもんでいるにもかかわらず、クエリヨのほうから秀吉に向かって、九州への出陣を要請し、自分が九州のキリシタン大名を結束し参戦させようといい、また秀吉が将来大陸に侵攻する時にはポルトガル人に大型船二艘を提供させるよう斡旋してもよい、インドからも援助が得られるだろうと述べたということである。オルガンチノたちは、このような国内の政治や軍事に触れた不用意な発言が、秀吉に教会に対する警戒心をいだかせる結果になることを心配していたのである。

大坂城天守閣内部　秀吉は機嫌よく先に立って天守閣の内部を隈《くま》なく案内して歩いた。みずから戸や窓を開き、われわれを第八階まで導き、各階に納めた富を語り、この室には金が満ちこの室には銀、かの室には生糸や緞子《どんす》、かの室には衣服、向かいの室には刀や立派な武器が一杯入っていると語った。われわれが通過した室の一つに新しい緋の外套（猩々緋の合羽）が一〇か一二絹の紐で吊してあったが、日本では甚だ珍らしいものであった。日本には寝台に寝る習慣はないが、ここにはヨーロッパで用いる非常に高価な寝台が二つ、立派な織物に金の刺繡を施した布団がかかっていた。

……最上階には周囲に縁があり、われわれがそこに出て城の工事と遠く四、五カ国にひろがる平野を眺めることを命じた。われわれは彼を中にはさんでかなり長くこの縁に立っていたが、下で働いていた五、六千の人びとは目を上げて多数の神父や同宿の間に関白殿がいるのを見て驚いた。関白殿はこの工事と都の（聚楽第《じゅらくだい》の）工事に三〇カ国の人を集めてあるといい、胸壁にいた人たちと城で消費する食物に満たした非常に大きな倉庫を指で指し示した。

後日城内のあるキリシタンの女性が教会堂に来て話したところによると、クエリヨの一行が退去したあと、秀吉は昼も夜も、キリシタンの侍女ばかりでなく、教徒でない女性たちまでも側に集めて、北政所に神父たちの話をした。そして彼女に神父たちを見せなかったのは残念だといった。彼女は、邸でも城内でも男性には一切会わせないことになっているのだから、とうてい許されるはずはないと答えると、秀吉は神父たちは別だ、異邦人でもあり、立派な人びとだから、といった。そして神父たちが北政所に贈った中国製の絹の短袴《サーヨ》が非常に気に入ったらしいので、秀吉はそれを身に着けさせて室内を歩かせた。こうして二人の話は長く続いていたが、その間彼女はその短袴を脱ごうとはしなかったということである。

数日の後クエリヨは北政所を通じて、次の三カ条からなる特許状を受けることを秀吉に請願した。それは、その全領内に自由にデウスの教えを説き、少しも妨害を受けないこと、住院や教会堂に対して、一般の寺院に課せられている義務を免除し、軍隊の宿泊所に当てられないこと、街に課せられるいろいろな義務や傭役、課税を、外国人として一切免除することの三項であった。秀吉はすべてを諒承し、とくに第一条について領内ではなく日本全国において説教せよというべきだといい、同文の特許状を二通作り、一通は日本で用い、他の一通はインド、ポルトガルに送達する分とした。そしてこのような文書には、一般には朱印を捺すのが例であるにもかかわらず、特にみずから署名をして、教会堂に届けさせた。

ちょうどこのころ豊後の大友宗麟（このころ宗滴といっていた）も大坂に来ていた。彼はクエリオたちよりもおよそ二〇日おくれて大坂城に秀吉を訪れた。そして豊後がいま島津氏のために滅亡に瀕《ひん》していることを訴えて、秀吉の九州征伐を請願したのである。秀吉はこの時にも宗滴にクエリヨの時と同様に大坂城内を案内した。宗滴は国許の重臣に対してくわしくその模様を書き送っている。クエリヨが見た秀吉の寝室について、宗滴は、

御寝所の台、長さ七尺ほど、横四尺ほどもこれあるべく候や。高さ一尺四、五寸ほど、しとねには猩々緋、御枕のほうには黄金にていろいろのほり物、なかなか申すべきようこれなく候。九間にて候。御枕のほうに御笈《おい》あり、黒染、金物黄金、中々目を驚かし候。その上御長刀あり。それよりほか武具無く、違棚梨地、金物黄金、ほり物か丶やき渡り候条何とも見分けざる様に候。その次六間御寝所あり、これも台などは同前なり。唐織物の夜の物あまた丶みおかれ候。御小袖なども多く候

と記している。秀吉は寝所のヨーロッパ風の黄金の寝台が自慢の一つであったのであろう。

大友氏滅亡の危機　九州の動静は秀吉がかねて注目していたところだった。天正十三年（一五八五）秀吉は島津義久に対して、豊後の大友家との交戦を止めるべしという趣旨の書状を送った。その前年、義久は有馬鎮純から要請を受けて島原に大軍を送り、龍造寺軍と戦って、ついに隆信を倒した。大友氏、島津氏と対抗して九州を三分する大きな勢力をもっていた隆信がこの戦闘であえない最期をとげてしまったため、島津義久の鉾先は、その後豊後の大友氏に向けられていたのである。秀吉の和平勧告に対して義久は、大友軍と和平を結びたいのではあるが、大友家が日向、肥後の砦を破壊している

ので、防戦しなくてはならないのだといってその調停に耳をかそうとはしなかった。秀吉はかねて中国の毛利氏を迎えるために、九州で毛利氏と対立している大友義鎮を支援していた。そのために薩摩の島津氏に圧迫を加え、豊後への進出を許そうとしなかった。そして毛利氏が秀吉に屈服し、瀬戸内海から南海地方にかけてすでに秀吉の勢力の下に入ってからは、その大友氏を脅かし続けている島津氏に圧迫を加えることが必要となったのである。島津勢の攻勢を支え兼ねた宗滴は、ついに大坂に行き、九州探題であった大友家の立場を訴えて秀吉の九州出陣を請願した。秀吉はこの老人の切実な訴えを受けいれ、すでに九州出兵の計画のあることを明らかにして帰国させ、いよいよ島津討伐に乗り出した。

この間の事情をフロイスは一五八七年の『日本年報』の中で要約して次のように記している。

薩摩の王は肥後、肥前及び筑後の絶対の君となり秋月もまたその味方となったため、筑前、豊前をもほとんど服従させ、余すところはわずかにその数城と豊後国にすぎなかった。八カ国の領主となった彼は豊後を攻め滅ぼそうと希望した。豊後は甚だ衰え、ほとんど救済の見込みなく、薩摩の軍隊が豊後を攻めれば、数人の領主は叛起してこれを入国させ、豊後の王はいかんともすることができないだろうと思われた。そこでフランシスコ王はみずから都（大坂の誤り）に赴き薩摩に対して関白の援助を請うた。関白殿は九カ国を思うままに分割して仲裁しようと試みたが、薩摩がこれに応じなかったため、ただ豊後の王を助けるばかりでなく、みずから大軍を率いて薩摩の王と秋月を滅ぼそうと決心した。

フスタ船上の秀吉

山口への避難計画　豊後には壊滅の危機が迫っていた。その地方を視察して情勢のさしせまっていることを痛感したクエリヨ神父は、薩摩の軍勢の侵略を受けた場合に、宣教師たちをはじめセミナリオやノビシアドの学生たちをどこに避難させたらよいかという問題に心をくだいた。そして海を隔てた毛利氏の領内に駐在所《レジデンシャ》を設ける計画を樹てた。まず第一の駐在所を海上の交通の便利な下関に設け、第二の駐在所はサビエルにゆかりの深い山口に、そして第三の駐在所は毛利輝元の叔父小早川隆景の領有している伊予に置こうと図ったのである。秀吉が毛利輝元、吉川元春、小早川隆景に豊前への出兵をうながすために派遣したシメオン黒田孝高は下関で、ちょうど毛利家との交渉をしていたクエリヨに出会った。孝高の斡旋《あっせん》によってこの交渉ははかどり、三カ所の駐在所を設けることが認められ地所が与えられた。輝元や隆景はそれまでキリシタンに対して反対の態度をとっていたのだが、すでに秀吉に服属し、その秀吉が教会とキリシタンに対して格別の好意を寄せていることを知って、その態度を改め、領内で自由に布教することを許した。クエリヨは孝高に伴われて輝元に謁した。やがてその三カ所に駐在所が建てられたが、中でも山口には立派な住院が設けられた。豊前に攻め入った毛利勢は薩摩の軍勢に大きな痛手を与え敗退させた。そこで島津義久は主力を豊後方面に集中し、大友家を攻め滅ぼす決意を固めた。
豊後に対して、秀吉は讃岐の仙石秀久を軍監とし、土佐の長曽我部元親、信親父子の軍勢を派遣して大友勢を支援させたのだが、この四国勢は日向方面から府内に迫る島津義久の大軍を戸次川にむかえて惨敗し敗走した。義統は府内の城を捨てて西の高崎城からさらに豊前の龍王城に逃れて、黒田孝高、小早川隆景に支援を求めた。府内を陥れた島津勢は義鎮の立て籠る臼杵の城に押し寄せた。

敵の侵入が突然であったため、臼杵地方の住民は妻子を連れ、わずかばかりの糧食を持っただけでようやく城内に入ることができた。臼杵のノビシアドにいた神父、神弟たちは——二〇人を超えていた——みずから少しずつの品を負って海から陸から城に避難した。敵がすでに来襲したのでたくさんの品は持出すことができず住院に残した。この際に一〇〇袋を超える米を城中に運び入れることができたのはわが主の御恵みによるもので、これによって頼るところのない多数の人を救うことができた。

臼杵に着いた敵はわが住院に宿泊し、三日間城を取囲んでいる間に同地方に大きな害を加え、聖堂数カ所を焼き各地にあった十字架をことごとく切倒し、最後にフランシスコ王が自費で建築した立派な大聖堂とわが住院の新旧の建物をみな焼払い、臼杵の町はすべて灰に帰してしまった。

（一五八七年の『日本年報』）

この臼杵の丹生島は三方を海に囲まれた堅固な城だったが、この時城内には義鎮の手兵の数は少なく、しかも多くの避難民が逃げこんでいたため糧食も乏しく、包囲戦が長期にわたったならばとうてい支え切れなかったであろう。将来を憂慮した義鎮は宣教師たちに豊後を離れて山口に脱出することを勧めた。戦乱に伴う動揺と無秩序のため多くの困難が伴ったが、黒田孝高の援助を受け、また塩飽から来た小西行長に属する大型船二艘を利用することができたため、教会関係者六五人は重要な家財や書籍、教会堂で用いる貴重な銀器や装飾品などを積んで海を渡り、山口の駐在所に落ちつくことができた。豊後の各地にはなお一三人の神父や神弟が残っていたが、彼らはこののち多くの危険と苦難にさらされたのである。

島津氏秀吉に降伏　天正十五年（一五八七）の春、九州に出陣した秀吉は豊前の小倉城に入り、島津方に属していた筑前の豪族秋月種実を降したのち、肥後に攻め入った。このころ小西行長の率いる水軍の船隊が長崎港に入ったが、準管区長のクエリヨはこの機会に西下した秀吉に敬意を表するため通訳のフロイスほか数人を伴ってその船に乗り込んだ。三人のポルトガル人が別の船でこれに随った。その一人はポルトガル船の事務長で、司令官の代理として秀吉に贈る生糸や金の刺繡を施した絹物などの進物を用意していた。船隊は口ノ津に寄港した後、島津方の城を攻撃したり村々を焼払ったりしたあと、秀吉の在陣していた肥後の八代《やつしろ》に向かった。秀吉はその陣営の一室で一同を引見したが、聖職者以外、華やかな服装をしたポルトガル人を見るのはこれがはじめてだった。その腰に下げている剣も彼にとっては珍らしかった。秀吉はポルトガル人の来航を歓迎して、その碇泊する港の領主から保護が与えられるよう特許状を与えた。そして、もし水深が許すならば、ポルトガル船を堺に近いどこか便利な港に入津させるようにして欲しいと述べた。準管区長はこれに答えて、船の水先案内に平戸より先の航路を測定させ、航海できる水深とポルトガル船が入港できる港が見出されるならば、秀吉の意向に添うことができるだろうといった。秀吉はポルトガル貿易の大きな利益に着目し、ポルトガル船を大坂に近い港に誘致して、その貿易を管理したいと望んでいた。そしてこのことがやがて教会領だった長崎港の没収に発展していったのである。

この八代の城が陥った時、城内にいた武士をはじめ領民たちの老幼男女まで数千人が捕虜になったが、その処分がなかなか決まらず、悲嘆に暮れていた。そのことを秀吉に伝えて助命を請うものもなかったが、クエリヨが秀吉に好遇を受けていることを知った人びとは、秀吉に命乞いをして欲しいと嘆願した。その中には身分の高い武士が一人と大勢の仏僧がいたが、彼らからも人を介してそのことを依頼してきた。秀吉はクエリヨからこの請願を受けると、みんな釈放して自由の身にしてやろう。そのものたちが神父の恩を感ずるよう、このことはクエリヨから伝えてやるがよいといった。無事に釈放された捕虜たちの中、大勢のものがクエリヨの許を訪れて感謝の言葉を述べ、戦争が終り平和になったならばぜひ説教を聴いてキリシタンになると約束した。身分の高い武士は最初にその希望を申し出た一人だった。クエリヨが辞去した後、秀吉はいずれ博多に行くからその時にもう一度訪ねて来るようにといって別れた。

秀吉の怒涛の進撃に薩摩勢は屈服しついに義久は降伏を申し出た。こうして島津氏を下して九州を平定した秀吉は筑前博多に引揚げ、戦功の論賞を行い諸大名の所領を制定した。義鎮は秀吉から隠居料として日向を与えられたが、辞退して受けなかった。豊後は義統が領有することとなった。また黒田孝高は豊前六郡を与えられて中津城に移り、大村純忠の旧領はその子喜前《よしさき》が嗣ぎ、有馬鎮純は高来郡の本領を安堵された。

なお豊後は一時滅亡の危険にさらされたが、黒田孝高の支援を得てようやく薩摩勢を撃退することができた。そのあと義統は、危機に臨んで叛起し島津勢に応じた家臣たちを処分し、その勢力を回復した。この機会を捉えて孝高は熱心に義統に入信を勧め、その一族、家臣とともに洗礼を受けさせた。霊名はコンスタンチノという。これまで彼は、キリシタンに対してはげしい憎悪をいだいていた母――義鎮の前の夫人で宣教師たちからゼザベルの渾名《あだな》で呼ばれていた気性の強い女性である――とそれに同調する重臣たちからきびしい制約を受け、説教に耳を傾けることさえ許されなかったが、その母がこのころ臼杵で死去し、その重臣たちの多くも勢力を失ってしまったことが、その入信を決意した一つの動機であった。義統に従って信仰に入った家臣や武士たちも少なくなかった。

黒田孝高の子長政が洗礼を受けたのもこのころのことである。彼はダミアンという霊名を授けられた。

博多湾のフスタ船　「われらの主は日本のキリシタンの二つの主なる柱をほとんど同時に召し給うた」とフロイスは『日本年報』の中に書いているが、この年四月十七日に大村純忠が大村の邸で病死し、それからわずか一八日後の五月六日、大友義鎮が臼杵の城から津久見に移って三日後に、長い籠城生活の疲労と衰弱のために世を去った。純忠は五四歳、義鎮は五八歳であった。

バルトロメオ大村殿の死後ちょうど二カ月、フランシスコ王の死後四二日目に、わが主は従来その教会を盛んにならしめ給うた方法である艱難と迫害とによって日本の新教会を盛大ならしめんと欲し、人類の敵が天下の君関白殿を用いてコンパニヤ（イエズス会）の神父及び日本の全教会に対し突然激烈で残酷な迫害を起こすことを許し給うた。

秀吉は博多に在陣中、大友と龍造寺との間にたびたび行われた交戦のために焦土と化したこの町の再興に力を注いだ。町の年寄たちを集め、町を十町四方に定め、縦横の小路を割って民家を建てさせることとし、黒田孝高と石田三成に命じて町割を行わせた。そのころ準管区長クエリヨは戦勝を祝うために秀吉の許を訪れた。そしてこの博多の町には以前に住院と教会堂とそれに付属する広い地所があった。それを復興したいので地所を与えて欲しいと請願した。秀吉は快くその求めに応じ、すぐにその地所を教会に与えるよう手配させた。

この時クエリヨはフスタと呼ぶ船で博多に来ていた。フスタは底の浅い小型の帆船で、大砲を備え防備も頑丈にできていた。長崎港の防衛のために用いられていた軍船である。クエリヨはこの船を博多湾に浮べ、宿舎として用いていたのであった。ある日秀吉は箱崎から数艘の船を随えて博多に向かう途中、このフスタを認めてそばに近づいた。クエリヨは足場を設けて秀吉と随行の人びとを船中に迎えいれた。

秀吉はクエリヨの案内で船内を隈《くま》なく見物した。そのあとクエリヨは甲板に出てポルトガルのワインと糖果で秀吉をもてなし、長い間話し合った。秀吉はこの船の構造のすぐれたことを賞讃した。船を離れる時、秀吉はそのワインと糖果を少しわけてもらいたい。ことに糖果は、神父以外のものは信用がおけないから、十分に包装した上で陣営に届けて欲しいといいのこした。その上機嫌な態度はクエリヨやそばにいたキリシタンを喜ばせた。ところが秀吉がこの船を訪れ、視察したことを知った高山右近と小西行長は愕然とした。小型ながらも十分な戦闘力を備えたこの船が秀吉を刺激して、やがてポルトガル人に対し、また教会に対して強圧的な政策をとる結果を生ずるのではないかと憂慮したのである。そのことを惧れた二人はクエリヨに対して、このフスタ船を秀吉に贈り、とくに秀吉のために建造させたものであると強調すべきであると忠告した。しかし秀吉の友好的態度を信じ、布教事業の将来に明るい夢をいだいていたクエリヨは、その忠告に耳をかさなかったのである。

秀吉は、まだポルトガルの大型船を見たことがなかった。このころちょうど平戸に碇泊していたことを知り、その船を博多に回航することをクエリヨに命じた。この船は前年教会の意向を無視して、大村純忠と対立している松浦氏の港平戸に二一年ぶりに入港したのだが、九州全土に戦乱の渦がまいていたために商人たちが集まらず思うように取引ができなかったので、帰航の時期が来ても出帆できず、この港で越年していたのである。この命令はクエリヨから平戸の船長に伝えられたが、それが無理な要求であることは明らかだった。そこで船長はたくさんの進物を用意して博多まで行き、秀吉に謁して、大型船を博多に回航させるのは航行上大きな危険を伴うので不可能であることを弁明した。秀吉はその弁明を諒承し、同伴した神父やポルトガル人たちを親しくもてなしたあと退出させた。

およそ四〇年にわたる布教の歴史を大きく転換させ、ただ国内ばかりでなく遠く海外にまで大きな衝撃を与えた秀吉のきびしい禁教政策の幕が切って落とされたのはその夜のことであった。この「関白殿の変心」についてフロイスは『日本年報』の中でこう書いている。

関白殿のように天下を治めるものは非常に驕慢となり、弱い人間であることを忘れて神として尊崇されることを望むようになる。来世の苦しみを惧れることなく、またこの島島は遠く離れている故、世界の他の地方を無視し、この世で他に惧れるものはない。主君のすることは善悪にかかわらず賞讃されるので彼らは甚だわがままとなり、情欲を恣にし、また怒りに任せて非常に残酷なことを行う。

9　伴天連追放

天下のさわり

伴天連追放の文書　秀吉が博多の陣で発布したキリシタン禁制については日付が一日違い、内容にも相違がある文書が二通伝わっている。一通は六月十八日付で伊勢の神宮文庫架蔵の御朱印師職古格と題する文書集の中に収められている。他の一通は六月十九日付で平戸の松浦家文書の中にある。ともに朱印状である。十八日付の文書の趣旨は、まず伴天連門徒、すなわちキリシタンの信者となることはそのものの心次第、自由であると述べたあと、知行を与えられている大名や武士たちが領民を強制して入信させることは曲事《くせごと》であると説き、二〇〇町二、三千貫以上の知行を受けているものがキリシタンの信仰に入る場合には公儀の許可を得なければならない、所領がそれ以下ならば、主人一人が入信するのは自由であると定めている。要するに、一般の武士や庶民に対しては信仰の自由を認め、大名や上層の武士の場合は許可を受けなければ入信できない、と制約を加えたのである。

次に一向宗が全国に寺を建て寺領を定め、領民を信徒にして年貢をとり立て、領主に反抗させたことを挙げ、キリシタン大名がその家中のものを強制して入信させることは一向宗の場合以上に「天下のさわり」すなわち政治の障害となるので、不心得のものは処罰すると定めている。そのほか「大唐、南蛮、高麗」へ日本人を売渡すことや国内で人身売買を行うことを禁じ、また牛や馬を食用に供すること、そのために売買することを曲事としている。

この文書で注目されるのは、キリシタンの信仰について制約を加えてはいるものの、かなり寛大であることと、問題が国内のことにかぎられ、教会や宣教師に関しては全く触れていないことである。ところが「伴天連追放令」としてひろく知られている六月十九日付の文書は、宣教師の国外退去を命じたもので、対外的に大きな意義をもっている。その全文は次の通りである。

第一、日本は神国である。キリシタンの国から邪法を伝えたということは甚だよろしくない。

第二、各地で人びとを改宗させ、神社仏閣を破壊させたということは前代未聞のことである。諸大名や武将たちに扶持として国郡や村々を与えているが、それは当座のことである。（前の文書によれば、諸大名や武将たちは他の国、他の地方に移されることがあるが、領民はその土地に住み着いて他の地に移ることはないという意味である）天下（秀吉）からの法度《はっと》を守りすべてのことについてその意に従うべきであるのに、下々のものがそれをみだす行為をすることはよろしくない。

第三、伴天連は知恵の法によって思いのままに檀那（庇護者）を得ようと思っているが、それはこのようにかえって日本の仏法を破り、法を犯すことになる。それ故伴天連を日本の地に置くことはできない。今日から二〇日以内に支度をととのえ帰国することを命ずる。もしその期間に伴天連に害を加えるものがあれば処分する。

第四、黒船（ポルトガル船）は商売のために来航するのであるからこの処分には含まれない。こののちいつまでも商売することを許す。

第五、商人にかぎらず、どのようなものでも仏法の妨げをしないかぎりはキリシタンの国から来航してさしつかえない。

この文書は教会とポルトガル人に対して与えられたもので、『日本年報』には「日本の文字で認めた日本語の文書に印を捺したもの」とあり、その全文がそのまま翻訳されている。

このわずか一日違いの二通の文書の内容の相違についてはいろいろな説があるが、ともかく十九日付のものがクエリヨに交附されたものであることは確かである。そこで十八日付の文書だが、これはおそらく強硬派の意見を容れて、キリシタンの教えそのものの批判よりは高山右近を追放する理由を明らかにすることを主眼としたもので、人身売買の問題や肉食の問題は関連あることとして附載したに過ぎないと思われる。また信教の自由をとくに強調しているのは下級武士や庶民の信者に大きな衝撃を与えないための配慮であろう。また神仏に関する問題に触れていないのは、あるいは仏教の代弁者である施薬院の意見が、この段階ではあまり反映しなかったためかも知れない。

右近の領地を没収　それは高山右近の追放にはじまった。その夜秀吉は側近を集めて会談をかさねた結果、キリシタンの信仰を抑え教会に対して高圧的な態度で臨む態度を明らかにした。そして高山右近の許に使者を送ってその信仰を棄てることを命じ、その命令に従わなければ領地を没収するであろうと伝えた。フロイスは「関白殿は使者をジュスト右近殿のもとに遣し、キリシタン弘布のため大いに尽し、領内の神社仏閣を破壊し、臣下をその意志よりもむしろ強制によりキリシタンにしたようなものは天下の君によく仕えることはできない。よってキリシタンの信仰を棄てるか、さもなければその領地を去れと伝えさせた」と記している。かねてこの日の来ることを予期していた右近はどこまでも信仰を守る決意を明らかにし、秀吉の命令に従おうとしなかった。友人たちの中には、表面は命令に従って棄教した風をよそおい、心中でひそかに信仰を守ることもできるのではないか、と忠告するものもあったが右近は聞入れなかった。こうして処分はすぐに決定され、右近はその領地を失い、追放されることとなった。その後彼は四、五人の従者を連れてひそかに博多湾の小島に渡り、やがて明石の対岸に当る淡路島に隠れたのである。

なお右近追放の報らせはその家臣の一人によってすぐに領地明石に伝えられた。右近の父飛騨守、妻ジュストをはじめ一族はすぐにその邸を捨てて海を渡り淡路島に逃れた。右近に随って九州へ出陣していた家臣や武士たちの家族たちも、この思いがけない災禍に家財をまとめて町を離れていった。

天下の君がこのような大身を追放し、その所領を奪った時は、その人が国を去り無一物になってしまうばかりでなく、その兄弟、親戚、家士及び彼に仕えた貴族や兵士もまたその領有した土地を失い、同じく国を去って身を運命にゆだねなければならない。そして新しくこの領地を貰った大身はその一族、家臣及び兵士に前の領主のもっていたものをことごとく与える。このように領主が更迭《こうてつ》されるとその地の兵士及び貴族はみな変り、ただ商人、工人及び農民だけが残るのである。

フロイスは『日本年報』の中でこうした当時の慣例について以上のように述べている。

長崎防衛計画

施薬院全宗の役目　こうして右近の追放を決定した秀吉は、続いてクエリヨの許に使者を送った。使者が示した秀吉からの詰問状の内容はきびしいものだった。キリストの教えを熱心に人びとに勧めまた強制して信者にするのはなぜか、神社や仏寺を破壊し仏僧を迫害してこれと融和しないのはなぜか、どうして有益な家畜である牛や馬を食用に供するような道理に背いたことをするのか、またポルトガル人が大勢の日本人を買い奴隷としてその国に連れて行くのはなぜか、というような詰問であった。この気まぐれな独裁者が、これまで教会に対しまた準管区長である彼に対して示してきた好意と愛情がいかに空しいものであったかを、はじめて思い知らされたクエリヨは極力弁明につとめた。改宗についてこれまで強制したことはない。信者たちが日本の神々や仏の教えでは救いが得られないことを悟り、みずから神社や仏寺を破壊し聖堂を建てたのである。また肉食について、ポルトガル人はその国の習慣で牛肉は食べるが、馬肉は食べない。しかしそれがよくないということならば、止めることは容易である。またポルトガル人が日本人を買入れるのは日本人が売るからで、神父たちはむしろそのことを嘆き、防止につとめてきたのだが力が及ばなかった。売ることをきびしく禁止するならばそのことは行われなくなるだろう。しかしこのような弁明が何の効果ももたらさないことは明らかだった。そして次の日、神父たちの国外退去を命じた朱印状が届けられたのである。

秀吉がわずか一夜の間に掌をかえすようにキリシタンに対する態度を変えた理由は明らかでない。フロイスはその直接の原因を侍医の施薬院全宗の煽動によるものであると記している。全宗は以前黒田孝高が入信した際に、このように多くの大身が信仰に入ることは右近を中心に徒党を組み、秀吉に対する陰謀を企てているのではないか、秀吉に訴えて阻止してもらおうと神父に語ったことがあったという。また全宗はかねて好色家である秀吉のために若い女性を探し求め斡旋する「地獄の仲介者」の一人であったが、九州陣の際にその賤《いや》しむべき仕事を果すため有馬領内に出かけた。そこで秀吉の傍に侍《はべ》らせるのにふさわしい美しい武士の娘数人に目をつけたが、いずれも信者であったためその意に従わず姿を隠してしまった。こうして面目を失った彼はますますキリシタンの教えに対して憎悪の念を深めた。そしてその夜、秀吉に向かってその教えを非難し、右近をはじめ諸大名が臣民を強制して入信させ、神社や仏寺を破壊することや、多くの大名たちを獲得することによって教会が日本で大きな勢力を手に入れるようになったことを警告した。この言葉が秀吉の怒りを爆発させたのだとフロイスはいっている。それも一つの解釈であろう。

また秀吉の側近にある強硬派の重臣たちは、かねて右近が多くのキリシタン大名たちの間に信望があり、また教会と秀吉との間のパイプ役として重要な役割を果していることを憂慮していた。しかも右近はすぐれた茶人でもあり、秀吉に格別の寵遇を得ていた。そこで秀吉の信望を失わせて右近の失脚を図る策謀がめぐらされ、この機会についに秀吉を動かすことに成功したのだと見ることもできる。

秀吉はかねてから右近をはじめキリシタンの信者たちが信仰の面では彼の権力の及ばないところにあることを知っていた。彼らにとってキリシタンの神への奉仕は封建的な主従関係に優先するものだった。京都の大徳寺で秀吉が信長の法要を行った時、右近はそれが偶像崇拝に連なるものとして焼香することを拒んだ。たとえ秀吉が命じても右近はそれに従わなかったであろう。秀吉はまた信者たちが神父たちを尊敬し、信仰の上では、独裁者である彼の手の届かないところで神父たちの意のままに行動していることを十分承知していた。そして九州に来てはじめてポルトガル人に接したのだが、そのポルトガル人たちが神父に対して格別の敬意を示していることを知り、またポルトガル船が、小型のフスタ船でも強力な戦闘力を備えていることを知った。しかもそのポルトガル船の入港する長崎は教会領として政治の圏外に独立した都市になっている。将来もし教会がキリシタン大名たちに働きかけてその勢力を結集しさらにポルトガル人を動員してこれを支援させるならば、信長を悩ました石山本願寺以上に強大な政治権力を築き上げることができるにちがいない。このような疑惑と危惧が蓄積され醸成されて高まっていた不安の念が、施薬院をはじめ側近の重臣らの、右近打倒のための中傷や非難によって誘発され、一挙に爆発するに至ったのであろう。

クエリヨの防衛策　こうして突如として巻き起こった禁教の嵐は教会関係者はもちろんすべての信者たちをふるえ上がらせた。外国人の聖職者ばかりでなく日本人の神弟たちも国外退去を命ぜられた。来航するポルトガル船が神父たちを乗せて来ることも禁じられた。伴天連追放の制札が博多をはじめ京都や大坂など主な都市に掲げられた。博多でクエリヨに与えられた地所は没収され、大坂や堺、京都をはじめ各地の住院や教会堂もすべて没収された。教会領となっていた長崎港と茂木、浦上の地も没収され、その上長崎の町民には八〇〇〇クルサドに余る巨額の罰金が賦課された。大村や有馬の領内の城をはじめ各地にあった教会堂や十字架はすべて破壊を命ぜられた。キリシタンの大名や武将がその船旗や旗差物に用いていた十字架の印は撤去を命ぜられ、頸にロザリオや聖匣《せいこう》を掛けることさえも許されなかった。

秀吉から派遣された二人の家臣はまず大村領内に入ったが、領主の喜前も重臣たちも博多に出陣していたため、対応の策もないままに、郡《こおり》の城と教会堂、大村にあった教会堂そのほか各地の教会堂や十字架が次々に破壊されて大きな混乱を起こした。長崎では町民たちは山に避難し、神父たちは教会堂の戸をとざし画像を撤去して破壊の手が加えられるのを待ったが、結局日本で最も大きく美しかった教会堂をはじめ他のいくつかの教会堂もただ閉鎖を命ぜられただけで取壊されることはなかった。それは一つには大村、有馬両家から秀吉に申し出て、長崎と茂木、浦上の地はもともと教会に寄進した土地で、それが教会から没収されたのだから、当然両家に返還されるべきであると主張したためであった。また教会から多額の銀を賄賂《わいろ》として贈ったため秀吉の家臣たちは買収されてその破壊の手をゆるめたのであった。なおこの没収された教会領は大村、有馬両家からの抗議によって一旦は両家の手に戻ったが、翌年秀吉はこれを没収して直轄領とし、鍋島飛驒守直茂を代官に任命した。しかし、乙名《おとな》や町年寄をはじめ町民はすべてキリシタンであったから、代官を迎えたとはいえ、町に大きな変化はなかったのである。

なおクエリヨは、他の神父たちの反対を無視してひそかに有馬晴信にキリシタン大名を結束させ、秀吉に抵抗しようと図ったが同意を得なかった。そこで長崎を武装し防衛する計画を樹て、多くの武器、弾薬を買い集め、またマニラやマカオ、ゴアに手紙を送って援助を求めたが、かえって海外の上長からきびしい非難を受けた。ことに帰国途上の少年使節の一行を伴ってこのころマカオに着いたバリニアニは、その軽率な行動を知って大いに憂慮し、天正十八年に長崎に着くとすぐに、クエリヨが集めた武器や弾薬をひそかに処分してしまった。なおこの時クエリヨはすでに一カ月前加津佐で他界し、この世の人ではなかった。

禁教令緩和の兆候　二〇日以内に国外に退去せよという命令に従うことはとうてい不可能であった。ポルトガル船は六カ月後でなければ出航しなかったからである。秀吉はその申し出を受けて、それでは神父たちをすべて平戸に集め、出帆の時期を待つように命じた。そこでクエリヨは、京都にいたオルガンチノを除いて、各地に在留していた神父たちを集めて善後策を講じたが、結局その年の冬マカオに向かって出航したポルトガル船に乗り込んだのは、その地で司祭の品級を受けることになった三人の神父だけであった。他の神父たちは有馬をはじめ、大村、天草、豊後などキリシタン大名の領内に留まることとなった。有馬領内には神父、神弟およそ七〇人が留まり、大坂のセミナリオが合併されたため、合わせて七三人の学生がその地のセミナリオに収容された。

秀吉のきびしい布告にもかかわらず棄教する信者は少なかった。大名たちも、追放を受けた高山右近のほかは、処分を受けることはなかった。

なおのち慶長五年（一六〇〇）に悲壮な最期を遂げた有名な細川ガラシヤが入信したのはこのころのことである。明智光秀の女《むすめ》であった彼女は、夫忠興が友人の右近からキリシタンの教えに入ることを勧められたことから関心をもち、夫の九州出陣の留守に受洗したのである。洗礼を施した侍女マリアは学者の清原枝賢《しげかた》の娘であった。

やがて秀吉が大坂に戻り、月日が経つにつれて宣教師たちは次のような理由から秀吉の教会に対する態度がいずれ緩和されるのではないかと観測するようになった。大坂や堺、京都にあった住院や教会堂はすべて没収されたが、それらは破壊もされず、誰にも与えられなかった。右近の邸も同様に他人の手に移ってはいなかった。また秀吉の言葉の端々からもそれは察知された。大坂で祭が行われ北政所の寵愛していたキリシタンの少女が出かけようとした時、秀吉は冗談に、神父たちを追放してしまったから祭へ行っても面白いことはないだろう。神父たちを追放したのは自分の焦り過ぎだったといった。北政所はかねてクエリヨからの手紙で秀吉へのとりなしを頼まれていたので、これをよい機会に、確かにその通りです、すこし早計でした。異国から来た神父たちにこのような大がかりな迫害を加えたことは世間から非難を受けるでしょう、といった。秀吉はすこし遺憾の色を示したものの、日本の神や仏の教えにとって害を及ぼす連中を処分したのだから、あれでよかったのだと答えたので、北政所も口をつぐんでしまった。またこんなこともあった。小西隆佐が平戸から戻ってきた時、秀吉は神父たちはもう国外に去ったかとたずねた。船の用意ができませんので、まだです、と答えた。秀吉が、ロレンソもいっしょに行くのかとかさねてたずねたので、何分にも老い先の短い身ですから残るでしょうと答えると、そうであろう、とうなずいて怒りの色は少しもなかった。また右近についても、ある日側近に、どうしているかとたずねたことがあった。わかりません。日本を離れ、どこか遠くの荒れた島にでもいることでしょう、と答えると、自分はそれほどのことを命じたわけではない、国内に留まっていても差支えなかったのだ、といった。このような話が伝えられるたびに、神父たちはそれが秀吉の態度がいずれ軟化する兆候と解釈したのである。

また秀吉は宣教師たちの国外退去を命じたものの、船の出帆の時に果して彼らが乗り組むかどうかを見届けさせようとはしなかった。松浦家に対してもそのことを命じていなかった。この事実も秀吉が宣教師たちの国外退去の問題にあまり執着しなくなった兆候と考えられたのである。

たしかに秀吉としては思想統制の上から神仏の信仰を重んじなくてはならないという方針は強く主

張し続けていたものの、禁教政策をこれ以上強行することはできなかったのである。それは一つにはその天下統一の事業を完成するために小田原の北条氏を討伐することが当面の問題となっていたからで、そのためには有力なキリシタン大名やその同調者たちの反感や不満をこれ以上高めることは不利だったのである。また一方長崎を直轄領としてポルトガル船との独占的な取引を行うためには、むしろ教会や神父たちに対してとった強硬な態度をゆるめる必要があったからである。事実、天正十六年（一五八八）秀吉は小西隆佐を長崎に派遣してポルトガル船から優先的に市価よりも安い価格で大量の生糸を買入れさせた。ポルトガル商人は不服であったが、隆佐がキリシタンであったため、宣教師の協力によってようやく取引が成立したことがある。当初秀吉とその側近の強硬派の重臣たちが、単純に布教と貿易とを切離して考えていたことは追放令の条文を見ても明らかである。しかしその教会に対する弾圧を押し進めて行くうちに、それがかえってポルトガル貿易にとってマイナスになることをようやく悟った。そして天正十八年（一五九〇）バリニアニ神父がインド副王の使節として四人の少年使節たちを伴って来日した時、礼を尽してこれを迎えることによって、その教会に対する弾圧政策の不徹底を明らかにしたのである。

聚楽第の伊東マンショ

アラビヤ馬を贈る　信長の後継者となった秀吉が信長の政策をついで教会に好意を示し布教事業を保護する態度を示しているとの報道は、ゴアのポルトガル当局者を喜ばせた。インド副王はバリニアニを使節に任じ、秀吉の功業を讃え宣教師に対する優遇を感謝する意味の書翰を託した。四人の少年使節も同行することになった。ところが一行がマカオに着いた時には、すでに秀吉が禁教令を発布し宣教師の国外追放を命じたという情報が伝わっていた。そこでバリニアニはあらかじめ使者を日本に派遣し秀吉の側近浅野長政を通じて秀吉の意向を打診し、正式に許可を得た上で長崎に渡った。四人の少年はこの港を出てから八年五カ月目にふたたび故国の土を踏んだのである。大村喜前、有馬鎮純をはじめ、少年たちの兄弟や一族、親戚その他多くの人びとが出迎えのため集まってきたが、長い年月の隔たりのためたがいに顔を見合わせても見覚えがなく、兄弟さえ見間違うほどだった。原マルチノの両親も、千々石ミゲルの母も、また報らせを受けて日向からはるばる長崎まできた伊東マンショの母も、立派な青年に成長した四人の中にわが子を見分けることができなかった。

バリニアニは四人を伴い、さらに副王の使節としての体面を保つためにポルトガル人やインド人二十数人を随行させて京都に上った。彼は黒田孝高や小西行長の勧告に従い秀吉を刺激しないよう、聖職者の数はできるだけ減らすことにしたのであった。秀吉は「この使者が副王の代理として神父たちの追放を宥《ゆる》して欲しいと請願に来るのならば、その方針を撤回する意志はないのだから面会する必要はない。ただ使者としての謁見が目的ならば会ってもよい」と宣言した。ようやく秀吉の同意を得て一行が聚楽第に秀吉を訪れたのは天正十九年閏正月八日（一五九一年三月三日）のことであった。謁見に先立ってインド副王から贈られた進物の数々が届けられた。それは次のような豪華なものであった。まず西洋式の装備を施したアラビヤ馬一頭だが、これは華やかな外套を着け頭にターバンを巻いた二人のインド人の馬丁にひかれて一行の行列の先頭を飾った。もともとゴア出発の際には二頭用意したのだが一頭は途中で病死してしまった。このアラビヤ馬にくらべるとそのあとに続いた日本の馬はみんな駄馬に等しいみすぼらしいものだったということである。この馬のほかに、黄金で飾った鎧二両、それには胸甲、籠手、頸甲、兜、臑当が附いていた。長剣二振《ふり》、燧石銃二挺、短銃附彎刀一振、油絵の掛布四枚、野営用の大天幕一張などがあった。

西洋の楽器を演奏　四人の少年はいずれもローマ教皇から賜わった金モールの縁飾りのある黒ビロードの長衣に身を包み、バリニアニは長い黒衣に黒い外套を着けていた。謁見の儀式が終ったあと、饗応の前に平服姿で現われた秀吉は機嫌よく伊東マンショとしばらく言葉を交した。その従兄の伊東祐兵《すけたけ》に日向のもとの領地を取戻して与えたと話したあと、自分に仕える気持はないか、もし仕えるならば十分の俸禄を与えようといった。しかしマンショは丁重にこれを辞退して、バリニアニ神父の恩義に報いることを念願としていると答えた。また他の三人に対しては、それぞれ姓名と生国を尋ねたが、そのあと千々石ミゲルに向かって有馬家と同じ氏《うじ》に属するのかと尋ねた。ミゲルは禍が有馬家に及ぶことを懸念して、千々石氏ですと答えると、その千々石は誰の領内にあるのかとかさねて尋ねた。ミゲルも有馬の領内にあると答えないわけにはいかなかったが、秀吉はさらに、それでは有馬の一族であるかとくりかえした。ミゲルはそこで、父が有馬と多少の親戚関係にあるのです、といってその素性をぼかしてしまったが、秀吉は、下《しも》の大名たちは神父たちやインドの副王と親しい関係にあるようだ、といった。

饗宴のあと、秀吉は、四人の少年がハープシコルドやハープ、リュート、ビオラなどを弾き、またそれに合わせて歌うのを熱心に聴いていた。少年たちは長いヨーロッパの旅の間にその演奏を十分に身につけていたので、かなり上達していた。秀吉には耳慣れない音楽だったから退屈するのではないかと懸念して途中で演奏を打ち切ると、秀吉は三度にもわたって同じ曲を演奏させ、歌わせた。

次の日にもマンショは通訳のジョアン・ロドリゲス神弟といっしょに秀吉の許に呼ばれた。このロドリゲスはポルトガル人で少年の時に豊後に来て大友義鎮の知遇を得て、府内のコレジヨで学んだ。日本語に堪能《たんのう》なため、バリニアニは通訳の一人として同行させたのである。彼は秀吉の気に入り、のちにその通訳として用いられ、重要な役割を果すこととなった。そして後年『日本大文典』や『日本教会史』などの大著をまとめたのである。

ところでこの時秀吉が二人を呼出したのは、バリニアニが献上した時計の調律を教わるためだった。この日秀吉は二人にいろいろ質問した上、日本では坊主がみな神父たちに反対しているのだ。いままで坊主が手にいれていた喜捨が神父たちのために失われ、坊主の寺院や住舎が神父たちのために壊されてしまったからであるといった。秀吉はまた中国に攻め入るつもりであるとも語った。マンショには遠いヨーロッパの国々のことや西欧の楽器のこと、音楽のことなどについて尋ねたあと、マンショとほかの三人が秀吉に仕えるつもりはないかとまた尋ねた。しかしマンショはさりげなくその意志のないことを伝えたのであった。

四人はこののちそろってイエズス会に入会したが、千々石ミゲルはのちに棄教した。マンショは慶長十七年（一六一二）にその敬虔な生涯を終え、語学の才に恵まれていた原マルチノは通訳としてまたイエズス会の出版事業のために尽し、慶長二十年（一六一四）にマカオに追放された。また中浦ジュリアンは、元和、寛永のころの激しい迫害の嵐の中に布教のために身を捧げ、ついに捕えられ、寛永十年（一六三三）殉教者の列に加えられた。

10　関ケ原前後

敗軍の将行長

朝鮮の陣行長奮戦　秀吉の九州平定は大陸侵攻のための準備工作であった。天正十八年（一五九〇）までには小西行長、加藤清正、黒田長政、福島正則、脇坂安治ら腹心の諸将は九州、四国に配備され、出動の命令を待つばかりになっていた。行長は十六年に肥後の南半分と天草諸島三二万石を与えられ宇土の城に移った。行長の娘マリアは対馬の宗義智に嫁いだが、義智は妻の熱心な勧めによってひそかに信仰の道にはいった。大明国征服の夢に酔い朝鮮に対して威圧的態度をとり続ける秀吉と、侵略を惧れ和平を望む朝鮮との間に立って外交の衝に当る義智の苦慮は大きかった。行長はそのよき理解者であり協力者であった。秀吉に進言してみずから微妙な外交折衝にも当った。しかしその努力も空しく文禄元年（一五九二）三月出動の命令が下った。全軍を九軍に分ち、合わせて一五万八七〇〇人からなる大軍で、行長は第一軍の部将として出発した。この第一軍には対馬の宗義智、平戸の松浦鎮信、有馬の有馬鎮純（晴信）、大村の大村喜前、五島福江の城主五島純玄が従っていた。これらの大名の中、松浦鎮信と五島純玄を除いてすべてキリシタンの信者であった。総勢一万八七〇〇人の軍勢の中にも数多くの信者がいた。第一軍は釜山城を陥れてから一九日目に国都の漢城を占領した。加藤清正の率いる第二軍、黒田長政の率いる第三軍も続いて到着した。大友義統はこの第二軍に属していた。国都を脱出した国王を追って、行長は平安道、清正は咸鏡道、長政は黄海道とそれぞれ軍の編成に応じて進撃を続け、諸都市を占領し、宣撫工作を行った。清正の軍は豆満江を越えて間島地方、いわゆる兀良哈《オランカイ》にまで進んで二人の王子を捕えた。一方行長の軍は平壌を占領した。このころから戦況は次第に不利になっていった。半島西南の海域で水軍が惨敗したこと、朝鮮民衆の抵抗が高まったこと、戦線がのびたため補給が困難になってきたこと、そして明の援軍が進出して来たことなどがその理由だった。行長は苦しい脱出行を続けてようやく漢城へ戻った。きびしい冬将軍の到来は装備の不十分な日本軍を極度に苦しめた。

日本軍は雪や氷の上を歩き馴れない上に、高麗人や中国人が用いている厚い皮靴の使用を知らず、寒さと水に弱い草鞋《わらじ》を履いていたのでその苦痛は言語に絶し、多くの者は足の拇指を凍傷で落とした。そのいくつかは日本へもたらされている。

その惨状をフロイスはこのように記している。

すでにこのころから明との間には和平交渉が進められていた。行長は講和使節として来た沈惟敬と図り、その成立のために力を尽し、幾度か折衝を重ねた。行長に仕えていた内藤飛驒守如安はその交渉のため北京の朝廷に派遣された。文禄二年（一五九三）の冬、グレゴリオ・デ・セスペデス神父は日本軍を慰問するために派遣されて、半島の南海岸の熊浦の城にあった小西の陣営に入った。これはその報告の一節である。

アウグスチノ（行長）は時々訪ねてきますが、ドン・プロタシオ（有馬晴信）、大村のドン・サンチョ（大村喜前）、天草のドン・ジョアン（久種）も他の主立った人びととといっしょに来訪します。わたしが当地に着いた翌日、アウグスチノの娘婿ダリオ対馬殿（宗義智）はさっそく伝言をよこしましたが、二、三日後彼はみずから訪ねてきて相互に連絡し合いました。彼は妻のマリアから贈られた河馬の皮で作った美しい数珠《コンタス》を首にかけていましたが、きわめて慎み深い若者で、学識があり、立派な性格の持主です。

行長の努力も実を結ばず、講和条約は決裂し、慶長二年（一五七九）二月ふたたび出兵の命令が下され、一四万の軍勢が海を渡った。行長も順天で苦戦を続けていたが、やがて次の年の八月に秀吉が世を去ったため、全軍は引揚げ、この侵略戦争は無意味に終ったのであった。

なおこの間に、大友義統は豊後の領地をとりあげられ、毛利輝元に預けられた。行長が平壌で苦戦し、黒田長政とともに撤退した際に、それを援護せず、守っていた城を放棄して退却してしまったが、秀吉はこれを卑怯な行動としてその所領を没収してしまったのである。

自害は信仰に背く　行長は朝鮮在陣中に父の隆佐を失った。堺奉行であった隆佐は朝鮮に渡る大部隊の輸送や食糧の調達に当り、また秀吉に従って名護屋の城に行き、兵糧奉行の任務を果していた。しかし七〇歳の老齢には勝てなかった。文禄四年（一五九五）病気のため京都に戻り、そこで息を引きとったのである。臨終に際して彼は黄金二千余枚を教会に寄進し、秀吉によって破壊された京都の教会堂を再建するための基金の一部にして欲しいといいのこした。

行長の支配の下で天草は教会の布教活動の最後の安全地帯となっていた。コレジヨやノビシアドもここに移され、そのコレジヨでは印刷事業が続けられていた。バリニアニの意見に従って少年使節がヨーロッパから将来した活字印刷機ははじめ加津佐に置かれたが、文禄元年（一五九二）コレジヨの移動に伴ってこの地に移され、教義書や語学、文学関係の図書、辞書などが次々に刊行された。その中には『平家物語』や『イソポのファビュラス（イソップ物語）』などもある。

ところで行長は秀吉の死後、遺児秀頼に対する忠誠を守り、徳川家康が諸大名の間に次第に大きな勢力を築き上げて行くことに反感をいだいていた。そして慶長五年（一六〇〇）石田三成に応じて家康打倒に立ち上った。そして関ケ原の戦に敗れたあと近くの山中に身を隠していた。そして通りがかりの村人に、自分は小西摂津守である、捕えて家康の許に連れて行き、褒美の金を貰うようにというので、村人が自害を勧めたところ、自害をすることはたやすいが、自分はキリシタンであり、キリシタンの教えでは自害は固く禁じられているのだ、と説いてすすんで縄を受け、草津の家康の本陣へ伴われていった。三成も捕えられ、ともに六条河原で首を刎ねられたのである。

右近マニラに追放　淡路島に逃れた高山右近はその後小西行長にかくまわれて小豆島に移った。京都を追われたオルガンチノ神父もこの島に隠れていた。天正十六年（一五八八）行長が肥後に移封されたので一旦その領内に移ったが、やがて加賀の前田利家が秀吉の諒解を得た上で右近を家族ともに預かるという形で客将として迎え、金沢に邸を与えた。天正十八年（一五九〇）小田原征伐の時、右近は利家に従って出陣した。そのことは秀吉の耳にも達した。そのあとバリニアニが秀吉に謁するため上洛した際に、右近は大坂を出てバリニアニを出迎え、ともに昔を語り、教会が受けた大きな打撃を嘆いた。かれは家族を捨て浮世を離れどこか神父のいる地へ隠棲したいと心境を述べたが、バリニアニは、いずれ関白が世を去り、時勢が変ればまた大名の地位を得る日が来ないとはかぎらない、希望を捨ててはいけないとたしなめた。

文禄元年（一五九二）に秀吉は名護屋の陣に右近を呼寄せた。そして茶の湯の席に彼を招いた。利家もその席に加わった。秀吉が陣中の徒然《つれづれ》をなぐさめるために茶会を催すことは珍らしくなかった。名護屋城にもそのために大坂から黄金の茶屋や山里の数寄屋《すきや》を運ばせ、折々茶会を催し、また大名たちの邸で催される茶会にも出席していた。前年の春千利休《せんのりきゅう》を罰して自殺に追いやった秀吉は、おそらくその処置を後悔し、思いをその高弟であった右近の境遇に及ぼし、彼を宥《ゆる》す気持ちになったのであろう。

右近の父は、利家の子で越中を領していた利長の許にいたが、病気のため京都に移り二年間床についていた。文禄四年（一五九五）頃、妻や右近その他親戚に見とられてその長い生涯を終えた。遺骸はその遺志に従ってのちに長崎に運ばれキリシタン墓地に葬られた。

利家の死後、右近はその子利長に重んぜられ、武人としてばかりでなく、茶人としてまた伝道者として金沢のために尽した。小西行長の部下として和平交渉のために北京に使いして功績のあった内藤如安が、関ケ原合戦で小西家が滅亡したため浪人となっていることを知った右近は、利長に説いて彼を客臣として迎えさせた。それからおよそ一〇年、大坂の陣を前にして家康は禁教令を発布し、在留の宣教師たちを国外に追放したが、その際右近と如安は家族とともに長崎に護送されマニラに追放された。家康はおそらく右近が大坂城の秀頼に招かれることを憂慮してこの処置に出たのであろう。一カ月以上もかかってようやくマニラに着いた右近は賓客として盛大な歓迎を受けたが、長い苦しい船旅の疲労のため上陸しておよそ四〇日後に六三年の生涯を終えた。内藤如安がその地で没したのは寛永三年（一六二六）のことである。

なお『徳川実紀』など日本側の記録には、細川家の重臣ディエゴ加賀山隼人がこの時右近らとともに南蛮国へ放逐されたと記しているが、これは誤りで、隼人は元和五年（一六一九）の秋、忠興から棄教を迫られそれに応じなかったためにその職を奪われ、豊前小倉の刑場の露と消えたのである。

家康の天下

二十六聖人の殉教　文禄元年（一五九二）に唐津城主の寺沢広高が最初の長崎奉行に任命された。広高はこれまで破壊を蒙らず残されていた教会堂を壊しその用材を名護屋に運んだ。その翌年入港したポルトガル船の船長は名護屋で秀吉に謁見して、来航するポルトガル人のために神父一〇人を長崎に滞在させ、住院と教会堂を再建することを請願して許可された。新しい教会堂には日本人が公に中に入ることは固く禁じられていたが、集まって来る多くの信者たちを制止することはできなかった。

こうして長崎にはふたたび明るい日射しが訪れたかに見えたが、それも長くは続かなかった。秀吉がフィリピンに対して降伏勧告の書状を送ったことが契機となって、スペイン系のフランシスコ会が進出し、布教活動を自粛していたイエズス会の立場を無視して京坂地方に公然と布教を始めた。ローマ教皇から日本布教の独占を認められていたイエズス会はこれに抗議し反目状態が続いていたが、たまたま慶長元年（一五九六）フィリピンからメキシコに向かう途中で暴風雨に遭ったスペイン船が土佐の浦戸に着いた。秀吉はその積荷を全部没収したばかりでなく、スペイン人が領土侵略の野心をいだき、神父は前衛的役割を果すために派遣されるという情報にもとづいて、京坂地方にいたフランシスコ会の宣教師・信者たち二六人を捕え長崎に送って処刑した。——その中に日本人のイエズス会員が三人交っていた。——いわゆる二十六聖人の殉教である。この事件の責任をめぐって両会の間ではげしい対立が続いたが、その間に秀吉の疑惑はイエズス会にも向けられることとなり、弾圧はいっそうきびしさを加えた。慶長二年（一五九七）には有馬領内にあったセミナリオも天草のコレジヨも閉鎖の止むなきに至った。そしてその次の年に秀吉は世を去り、しばらくは混沌とした状態が続いたのである。

このころキリシタン大名の数は二〇家以上に及んでいた。その中で毛利秀包《ひでかね》は織田秀信と関ケ原合戦の時に公然と西軍に加わったため、その所領を失った。信長の長男信忠の嫡子だった秀信は秀吉に支持されて岐阜城主となり、美濃を領していた。そして文禄の役に加わり帰国してのち文禄四年（一五九五）に岐阜で洗礼を受けた。この時一六歳だった。また毛利秀包は元就の八男で、輝元の叔父に当っている。その妻は大友義鎮の第七女で霊名をマセンシアという信仰にあつい女性だった。彼はかねてその妻の影響によってキリシタンに心を動かされていたが、九州陣の時に黒田孝高から入信を勧められ、信仰の道にはいったのである。

有馬晴信の死　家康は政権を握ったあと、幕府の基礎を固めるために、また海外諸国との友好を保ち、とくに朱印船による貿易をさかんにするためにしばらくはキリシタンの問題には触れなかった。フィリピンと通交を開き、さらにメキシコとの貿易を開く意図でフランシスコ会の宣教師を優遇したこともあって、布教事業に好意を寄せているかとさえ思われた。

ところでプロタシオ有馬晴信は関ケ原合戦の時に西軍に加わろうとしたが大村喜前の勧告で城を守り、小西行長没落の後、加藤清正に協力したので、その所領を安堵された。その後朱印船貿易にも加わったが、派遣した船の船員がマカオでポルトガル人と紛争を起こしたことが原因となり、慶長十四年十二月（一六一〇年一月）長崎に来航したマードレ・デ・デウス号を港外に撃沈した。ところが本多正純の臣岡本大八の詐謀《さぼう》にかかり、ついに罰せられ、大久保長安に預けられ、甲斐の郡内に流され慶長十七年（一六一二）死を賜った。彼も信仰を守りぬき、切腹を拒んで家臣に首を打たせたということである。家康が最初の禁教令をその直轄領に発布したのはこの年のことである。つづいて翌年さらにきびしい禁令が全国に布告され、嵐が吹きまくることとなった。信者の大名や武将たちもその身の保全を図るためには、その教えを棄てて禁教政策に奉仕するよりほかはなかったのである。

参考文献

◆キリシタン布教史に関する概説書

姉崎正治『切支丹伝道の興廃』（同文館　昭和5）

すでに古典に属してはいるが、もっともよくまとまった概説書である。『切支丹宗門の迫害と潜伏』『切支丹禁制の終末』『切支丹迫害史上の人物事蹟』とともに四部作となっている。

幸田成友『日欧通交史』（岩波書店　昭和17）

ポルトガル人による日本発見から寛永の鎖国に至る約百年の間の日欧交渉の歴史を概観したもので、布教史についてもくわしい。「聖フランシスコ・ザビエー小伝」ほかキリシタン関係の小論文と併せて『幸田成友著作集』第三巻（中央公論社　昭和46）に含まれている。

岡田章雄『キリシタンの世紀』（集英社　昭和50）

一〇〇年にわたるキリシタン布教史を概観したもので、『図説日本の歴史』第十巻に収められている。なお『第九巻　天下統一』『第十一巻　江戸の開幕』にも関係記事が多い。叢書の性質上図版が豊富に収録されている。

岡田章雄『キリシタン・バテレン』（至文堂「日本歴史新書」　昭和30）

海老沢有道『日本キリシタン史』（塙書房　昭和40）

キリシタン布教史を思想史的な面からとらえたものである。

C. R. Boxer: The Christian Century in Japan, 1549–1650. London, 1951.

ロンドン大学教授ボクサー氏はポルトガル貿易史、布教史の世界的権威で、特にポルトガルと日本との交渉史に関する著書も多い。本書はキリシタン布教史のすぐれた概説書でありユニークな研究書である。邦訳はない。

岡本良知『十六世紀日欧交通史の研究』（六甲書房　昭和17）

一六世紀の日本とポルトガルとの交渉史を豊富なポルトガル側の史料を駆使して究明した大著である。「第一編　ポルトガル人渡来以前日本との交渉」「第二編　ポルトガル人エスパニヤ人の日本航通」「第三編　ポルトガル人の日本通商」の三編から成り、ポルトガル船の来往、貿易港の移動、貿易と布教の関係などについて詳しく考証している。復刻版も刊行されている。

◆キリシタン大名の伝記

シュタイシェン著・吉田小五郎訳『切支丹大名記』（大岡山書店　昭和5）

原題 M. Steichen, Les Daimyô Chrétiens ou un siècle de l'histoire religieuse et politique du Japan, 1549–1650. Hong Kong, 1904. キリシタン大名数十名の伝記を中心に布教史を概説した不朽の名著である。

吉田小五郎『キリシタン大名』（至文堂　昭和29）

前書と同様にキリシタン大名の伝記を主にした布教史である。

外山幹夫『大友宗麟』（吉川弘文館　昭和50）
海老沢有道『高山右近』（吉川弘文館　昭和33）
ともに人物叢書の中に収められている。
J・ラウレス『高山右近の生涯――日本初期基督教史』（エンデルレ書店　昭和23）
高山右近の伝記を中心とした布教史の概説書で、他の多くのキリシタン大名についても詳しい。
松田毅一『日葡交渉史』（教文館　昭和38）
第一編に「日葡交渉史概説」を収め、第四編に「大村純忠伝」を十章にわけて詳しく扱っている。

◆翻訳史料

耶蘇会士日本通信　京畿編上・下　村上直次郎訳（雄松堂「異国叢書」復刻版）
イエズス会士日本通信　上・下　村上直次郎訳（雄松堂「新異国叢書」　昭和43）
イエズス会日本年報　上・下　村上直次郎訳（雄松堂「新異国叢書」　昭和43・44）
フロイス『日本史』一―四　柳谷武夫訳（平凡社「東洋文庫」　昭和38―45）
ワリニアーノ『日本巡察記』松田毅一・佐久間正共編訳（桃源社　昭和40）
ロドリーゲス『日本教会史』上・下　池上岑夫・佐野泰彦等訳（岩波書店「大航海時代叢書」　昭和45）
アビラ・ヒロン『日本王国記』佐久間正・会田由訳（岩波書店「大航海時代叢書」　昭和40）
『回想の織田信長』（フロイス『日本史』より）松田毅一・川崎桃太編訳（中央公論社「中公新書」　昭和

48）

『秀吉と文禄の役』（フロイス『日本史』より）松田毅一・川崎桃太編訳（中央公論社「中公新書」昭和

49）

関連年表

西暦	年号	事項（△印は世界史関係事項を示す）
一五四三	天文一二	ポルトガル人種子島に来航、鉄砲を伝える。
四九	一八	フランシスコ・サビエル、コスモ・デ・トルレス鹿児島に着く。
五〇	一九	ポルトガル船はじめて平戸に入港、サビエル平戸に行く。
五一	二〇	サビエル京都に行く。山口の大内義隆サビエルに布教を許可。サビエル府内に行き大友義鎮に謁す。山口の宗論。陶隆房叛き大内義隆自殺。
五二	二一	大内義長山口大道寺建立を許可。△サビエル上川島に没す。
五七	弘治三	大内義長自殺。ルイス・ド・アルメイダ府内に病院を建てる。
五九	永禄二	ガスパル・ビレラ京都布教を開始。
六〇	三	桶狭間の合戦。
六二	五	大村純忠横瀬浦を開港。
六三	六	純忠受洗。横瀬浦焼失。結城山城守、高山飛騨守父子ら受洗。
六四	七	松浦隆信平戸に天門寺を建てる。
六五	八	ビレラ、フロイス将軍義輝に謁す。義輝殺され、ビレラ等京都を逐われ堺に逃れる。ポルトガル船福田港に入る。

六八	永禄一一	織田信長足利義昭を奉じて入京。
六九	一二	信長フロイスに布教を許す。
七〇	元亀元	長崎開港協定成立。トルレス志岐に没す。
七一	二	カブラル、オルガンチノ京都に行く。△スペイン人マニラを占領。
七二	三	カブラル岐阜に行き信長に謁する。
七三	天正元	信長義昭を放逐。室町幕府滅びる。
七五	三	長篠の合戦。
七六	四	有馬義直受洗。その後没す。京都教会堂竣工。
七八	六	大友義鎮受洗。荒木村重信長に叛く。信長オルガンチノに命じ村重の臣高山右近を説得させる。耳川の役。
七九	七	龍造寺隆信有馬領を攻略。アレッサンドロ・バリニアニ有馬軍を援ける。
八〇	八	有馬晴信受洗。信長安土城下に教会堂敷地を与える。大村純忠長崎、茂木を教会に寄進。△スペイン、ポルトガルを併合（―一六四〇）
八一	九	バリニアニ入京、信長に謁す。
八二	一〇	遣欧使節長崎出発。本能寺の変。△ローマ教皇グレゴリオ十三世改暦。
一五八三	一一	賤ケ岳の合戦。オルガンチノ秀吉に謁し、大坂城下に会堂敷地を与えられる。
八四	一二	龍造寺隆信島原の合戦で戦死。
八五	一三	遣欧使節ローマに入り教皇に謁す。
八六	一四	ガスパル・クエリヨ大坂城で秀吉に謁す。
八七	一五	秀吉九州出陣。島津義久秀吉に降伏。 大村純忠、大友義鎮相ついで没す。

		秀吉博多で宣教師追放令を発布。
八八	一六	△スペインの無敵艦隊イギリス艦隊に敗れる。
九〇	一八	バリニアニ遣欧使節一行と長崎に着く。
		秀吉小田原城を陥れる。
九一	一九	バリニアニ遣欧使節一行と聚楽第で秀吉に謁見。秀吉フィリピンに入貢を促す。
九二	文禄元	秀吉朝鮮出兵。小西行長先鋒となる。
九三	二	フィリピンの使者ペドロ・バプチスタ名護屋で秀吉に謁する。
九六	慶長元	明との和議破れる。サンフェリペ号事件。
九七	二	二十六聖人殉教（慶長元・一二）
九八	三	秀吉没す。
一六〇〇	五	オランダ船リーフデ号豊後に漂着。関ケ原合戦。小西行長処刑。
〇三	八	徳川家康征夷大将軍となり江戸に幕府を開く。
一〇	一五	マードレ・デ・デウス号事件（慶長一四・一二）
一二	一七	岡本大八事件。幕府はじめて禁教令を発布。有馬晴信甲斐に流され、ついで自殺する。
一三	一八	伊達政宗家臣支倉常長をローマに派遣。
一四	一九	幕府禁教令発布。宣教師、信者らをマカオ、マニラに追放（大追放）。
		大坂冬の陣。
一五	元和元	大坂夏の陣。高山右近追放地マニラに没す。支倉ローマ教皇に謁す。
一六	二	家康没す。
二二	八	長崎で宣教師信者等を処刑（大殉教）

三五	寛永一二	最初の鎖国令発布。
三七	一四	島原の乱。翌年に平定。
三九	一六	ポルトガル船の来航を禁止。鎖国令。

『キリシタン大名』を読む

五野井隆史

本書『キリシタン大名』が出版されたのは一九七七年（昭和五二）で、すでに三八年が経つ。キリシタン大名に関する最初の研究書は、一九〇三年（明治三六）に出たパリ外国宣教会宣教師ミカエル・シュタイシェンによる英文 The Christian Daimyos. A Century of Religious and Political History in Japan 1549-1650（『キリシタン大名―日本政治宗教史―』）である。そのフランス語訳本が翌年出た。吉田小五郎は一九三〇年にこれを邦訳し、『切支丹大名史』（大岡山書店）として出版した。同氏はその五〇年後の一九五四年（昭和二九）に至文堂から『キリシタン大名』を上梓した。その二二年後に同書名で出版されたのが本書である。

著者は東京大学史料編纂所で『日本関係海外史料目録』を作成し、『大日本史料』編纂において外国語史料の翻字・翻訳を担当して豊富な知見のもとにキリシタン史をはじめとした対外史研究を牽引された。本書は、従来の研究では用いられなかった新しい翻訳史料集などを駆使して書かれ、新しいキリシタン大名像を描こうとしたものである。キリシタン大名たちの有りようが十話（十章）にわたって、すなわち、ザビエルによる一五四九年の日本宣教から始まって、江戸幕府による禁教令施行後に高山右近がマニラに追放されて死没する一六一五年までのキリスト教宣教史の中で、簡明かつ適確に読み解かれている。

序章では、封建社会を構成する領主（大名）と農民との関係が語られる。農民たちの封建社会に対する意識が、彼らが新しいキリシタンの信仰をもったにもかかわらず、新たな変革をもたらすに至らず、むしろ「デウス（神）の御掟の十のマンダメント」、すなわち十戒の中の教えである、主君への忠誠・領主への服従・親への孝行についての定めが受けいれられていったこと、また、キリシタン大名たちの信仰については、その接近の動機はともあれ、経済的打算によるものでもなく、政治的な思想統制の具にしたものでもなく、心からの信仰であったとし、彼らは絶対者としての神デウスを守護神として仰いでいたのであり、領民たちも領主らと共に同じ神を信じ、そのきびしい掟・戒律に従っていることが何よりの救いであったにちがいないとの見解を、中学二年生の女子生徒の質問に答えるかたちで、開陳している。

取り上げられたキリシタン大名は、国衆の国人領主も含めて二六名である。記名順に記すと、大友義鎮・義統父子、大村純忠、有馬義直・晴信父子、五島純堯、天草種元（正しくは鎮種）、志岐鎮経、籠手田安昌（正しくは安経）、結城忠正・左衛門尉父子、忠正の甥結城弥平次、池田教正、白井頼照

(正しくは三箇)、高山飛驒守友照・右近友祥父子、内藤如安忠俊、黒田孝高・長政父子、牧村政治、蒲生氏郷、小西隆佐・行長父子、宗義智、毛利秀包、織田秀信である。大名でない医師の曲直瀬道三についても言及する。

日本の国王、すなわち天皇の改宗をめざしていたザビエルは、上洛して天皇の無力さを知り、当時西国で最強を誇っていた山口の大内義隆に謁見してその保護を得て宣教の足がかりを築いた。豊後の大名大友義鎮はザビエルを府内に招き、インド副王への使者派遣のための斡旋を求め、武器・硝石などを入手しようとした。彼がキリシタンとなるのは、それから二七年後の一五七八年である。著者は、義鎮の改宗の背景、天正遣欧使節派遣、および島津氏による侵略に対して豊臣秀吉に助勢を要請して大坂城に上ったことなどを、二・七〜八章において述べる。

義鎮は一五六二年(永禄五)に剃髪入道して宗麟を号し、一五七一年に京都・大徳寺の治雲禅師を招いて臼杵城下に寿林寺を建てた。彼はザビエル引見以後も一貫してキリスト教を保護したが、禅宗にはそれ以上の厚い保護を与えた。それについて、著者は、「一族の連繫と家臣たちの統制を一層強化するために、みずから禅宗の帰依者として祖先の菩提を弔うことによって宗家の威信を高めることが必要であった」、と指摘する。

宗麟は受洗した数カ月後の十月四日(この日は、洗礼名、アシジのフランシスコの祝日)に臼杵から日向に出陣した。伊東氏の旧領を回復して、豊後国内に実現できなかった「キリシタンの理想の王国」を日向に建設しようとしたが、島津氏に手痛い敗北を喫し大友家衰亡の禍根を残した（二章）。嫡子義統が黒田孝高の勧めによってキリシタンになったのは、秀吉が伴天連追放令を発令する数カ月前であったが、秀吉の命によって信仰を棄てた。彼は朝鮮侵略戦争で、苦境に追い込まれた小西行長軍を救援せずに退却したため、秀吉から憶病者と非難されて領国を失った（十章）。

最初のキリシタン大名とされるバルトロメウ大村純忠については、三章で彼の改宗とその直後に起きた謀反などが述べられる。一五五〇年以降ポルトガル船が来港していた平戸の領主松浦隆信が反キリシタン政策をとり続けたため、イエズス会は平戸に代わる港を探した。そのさなかの一五六一年に船長ら一四人のポルトガル人が殺害される事件が発生したため、翌一五六二年に純忠の許可を得て横瀬浦を開港した。横瀬浦開港を機にキリシタンとなった純忠は、島原半島の有力大名有馬仙巌晴純の息子で、大村家を継いだ。このため、肥前の後藤家の養子となった庶子貴明と結ぶ家臣たちは、改宗した純忠が養父の位牌を焼いて祖先崇拝を否定し、守護神として崇めていた摩利支天像を焼却したことに反発して仏教寺院勢力と共に謀反を起こした。その後に横瀬浦の港町と教会は焼かれた。著者は、純忠の改宗が「旧勢力に対する断交と挑戦を意味するものであった」、とする。

純忠の大村復帰後、港は福田に移り、一五七〇年に長崎が新しい港として開かれた。翌年ポルトガル船が初来航した。長崎はそれ以降キリシタンの町、貿易の町として歩むことになる。その長崎を、純忠は一五八〇年に茂木と一緒にイエズス会に寄進した。イエズス会領長崎の始まりである。この寄進は、肥前の龍造寺氏が長崎獲得を企て、ポルトガル船が前年有馬領口之津に来航したことを懸念してとられた措置であった。彼は伴天連追放令が出る以前の一五八七年五月二十八日（天正十五年四月十八日）に病死したが（八章）、長崎は浦上と共に秀吉によって収公された。

著者が本書執筆に際して意図したことは、キリシタン大名として二回の追放を受けてなおその信仰を貫きとおしたジュスト高山右近友祥の生きざまを描くことにあったかのようである。ジュストとは「正義」、「義の人」を意味する。決して長くはない本書の四章から十章において右近について語られる。その行間からは著者の右近によせる深い想いが看取される。

右近の信仰を培ったのは父ジョーチン飛驒守図書友照である。彼は大和沢城の城代として松永久秀に仕え、その相談役を勤めた（四章）。ヴィレラ神父を京都から追放するために、結城山城守忠正・清原枝賢によるキリスト教審問を画策したとされる。審問者の結城・清原の学者二人がキリスト教に改宗すると、彼は奈良に赴いて教理を聴き洗礼を受けた。翌一五六六年に彼はイルマンのロウレンソを沢城に招いて嫡子右近を改宗させた（四章）。彼は沢落城後に友人和田惟政の高槻城の城代となり、惟政死後、その息子惟長との確執を経て高槻城主となった。家督を右近に譲ったのちには領内のキリシタン化に努め、京都の南蛮寺建造時には家臣や領民を引き連れて自ら工事に従事した。

右近は、一五七八年彼の後楯であった荒木村重が織田信長に謀反したことを機にキリシタン大名としての基礎を固めた（六章）。彼は一五八五年に播磨の明石に移封を命じられ、一五八七年秀吉の九州遠征時、博多において棄教を命じられたが、これを謝絶して改易された（九章）。右近はその後、小西行長の所領小豆島に隠れ住み、行長が肥後宇土城主となると同地に移った。さらに金沢の前田利家に招かれて客将となって、小田原に出陣した。また、秀吉が朝鮮出兵のために築城した名護屋城に彼の指図によって赴き、彼の茶会に招かれた（十章）。著者は、千利休を自殺に追いやった秀吉が、「その処置を後悔し、思いをその高弟であった右近の境遇に及ぼし、彼を宥す気持ちになったのであろう」（十章）、と忖度する。

右近は一六一四年十一月にマニラに追放された。右近が大坂城の秀頼に招かれることを、家康が懸念したためという。彼と一緒に追放されたのが元丹波八木城主内藤如安忠俊である。彼は小西行長に仕え、日明和平交渉のため北京に赴いた。行長の死後、右近に招かれて金沢で前田氏に仕官していた。

なお、本書の主旨をまったく損ねることのない二カ所について訂正する。

三章（七〇頁）の本渡の天草伊豆守とその子種元に関する記載について、永禄十二年（一五六九）にアルメイダを招いてその説教を聴いたのは天草河内浦の領主天草鎮種であり、彼は二年後の一五七一年九月にカブラル神父から洗礼を受けた。その一族の本渡城主天草種元が受洗したのはこの時であった。種元は、小西行長が宇土城主として入部したのち、宇土城築城に関連して起きた天草一揆の際に本渡城に籠城し小西・加藤清正両軍に攻められて一五八九年に戦死した。

七章（一五一頁）の「行長の母マグダレナ」に関する記載については、北政所に侍女として仕えていたマグダレナは、ジョアン・ガイオ・シンサ João Gaio Xinça の妻である。「シンサ」が「リウサ Riuça（隆佐・立佐）と誤読・誤記されて印刷されたことは、松田毅一『近世初期日本関係　南蛮史料の研究』（風間書店、昭和四二年、七八六・七九五〜九六・一〇〇八頁）によって明らかである。

（東京大学名誉教授）

本書の原本は、一九七七年に教育社（現ニュートンプレス）より刊行されました。

著者略歴
一九〇八年　群馬県前橋市に生まれる
一九三二年　東京帝国大学文学部国史学科卒業
東京大学史料編纂所教授、青山学院大学教授を歴任
一九八二年　没

〔主要著書〕
『キリシタン・バテレン』(至文堂、一九五五年)、『天草時貞』(吉川弘文館、一九六〇年)、『ルイス・フロイス日欧文化比較』(訳注、岩波書店、一九六五年)、『岡田章雄著作集』(全六巻、思文閣出版、一九八三―八四年)

読みなおす日本史

キリシタン大名

二〇一五年(平成二十七)五月一日　第一刷発行

著者　岡《おか》田《だ》章《あき》雄《お》
発行者　吉川道郎
発行所　株式会社吉川弘文館
郵便番号一一三―〇〇三三
東京都文京区本郷七丁目二番八号
電話〇三―三八一三―九一五一〈代表〉
振替口座〇〇一〇〇―五―二四四
http://www.yoshikawa-k.co.jp/
組版＝株式会社キャップス
印刷＝藤原印刷株式会社
製本＝ナショナル製本協同組合
装幀＝清水良洋・渡邉雄哉

ISBN978-4-642-06589-4

刊行のことば

現代社会では、膨大な数の新刊図書が日々書店に並んでいます。昨今の電子書籍を含めますと、一人の読者が書名すら目にすることができないほどとなっています。ましてや、数年以前に刊行された本は書店の店頭に並ぶことも少なく、良書でありながらめぐり会うことのできない例は、日常的なことになっています。

人文書、とりわけ小社が専門とする歴史書におきましても、広く学界共通の財産として参照されるべきものとなっているにもかかわらず、その多くが現在では市場に出回らず入手、講読に時間と手間がかかるようになってしまっています。歴史の面白さを伝える図書を、読者の手元に届けることができないことは、歴史書出版の一翼を担う小社としても遺憾とするところです。

そこで、良書の発掘を通して、読者と図書をめぐる豊かな関係に寄与すべく、シリーズ「読みなおす日本史」を刊行いたします。本シリーズは、既刊の日本史関係書のなかから、研究の進展に今も寄与し続けているとともに、現在も広く読者に訴える力を有している良書を精選し順次定期的に刊行するものです。これらの知の文化遺産が、ゆるぎない視点からことの本質を説き続ける、確かな水先案内として迎えられることを切に願ってやみません。

二〇一二年四月

吉川弘文館

読みなおす
日本史